DEBORA SOMMER
HALT FINDEN

DEBORA SOMMER

Halt finden

WENN DER **KÖRPER SCHMERZT**
UND DIE **SEELE WEINT**

Francke

Über die Autorin:
Dr. Debora Sommer (1974) ist Dozentin am Theologischen Seminar St. Chrischona, Referentin, Autorin und Menschenbegleiterin. Sie ist verheiratet, Mutter von zwei jungen Erwachsenen und lebt in der Schweiz.

MIX
Papier aus verantwortungsvollen Quellen
FSC® C014138

Bibliografische Information der Deutschen Nationalbibliothek
Die Deutsche Nationalbibliothek verzeichnet diese Publikation in der Deutschen Nationalbibliografie; detaillierte bibliografische Daten sind im Internet über http://dnb.dnb.de abrufbar.

2. Auflage 2023
ISBN 978-3-96362-327-1

35037 Marburg an der Lahn
Cover-Foto: Debora Gerber-Loosli, www.fotovilla.ch
Umschlaggestaltung: Francke-Buch GmbH / Marion Schramm
Satz: Francke-Buch GmbH
Printed in Czech Republic

www.francke-buch.de

INHALT

Für alle, die sich nach Hoffnungsschimmern
in der Dunkelheit sehnen.

Sammle meine Tränen in deinen Krug;
ohne Zweifel, du zählst sie.

Psalm 56,9b (LUT)

VORWORT

VON EHEMANN ROLF SOMMER

Bis zum Unfall meiner Frau, der sie zur chronischen Schmerzpatientin machte, kannte ich nur temporäre Schmerzsituationen. Mal eine Blessur hier, mal eine da. Die meisten zog ich mir durch den Sport zu. Oft waren es in etwa ähnliche Verstauchungen, Prellungen oder Schürfungen. Mit der Zeit kannte ich den Heilungsverlauf und wusste, wann die Schmerzen wieder nachlassen und ich wieder ganz gesund sein würde. Also alles halb so schlimm.

Genauso dachte ich auch, als mir meine Frau von ihrem Missgeschick auf der Treppe erzählte und über Rückenschmerzen klagte. »Schatz, das vergeht wieder, wie es gekommen ist«, sagte ich damals. *In ein paar Tagen ist es wieder gut*, dachte ich damals.

Heute weiß ich es besser. Zehn Jahre sind seither vergangen. Zehn Jahre, in denen chronische Schmerzen das Leben meiner Frau prägten und veränderten wie nichts anderes zuvor. Zehn Jahre, in denen ich meine Frau leiden sah. In denen die chronischen Schmerzen sie an den Rand der Verzweiflung brachten, sie in tiefe Depressionen stürzten und so weit plagten, dass sie des Lebens müde wurde.

Ich bin stolz auf dich Debora, wie du mit deiner Schmerzproblematik umgehst. Wie du dich trotz alldem immer wieder von Gott aufrichten und ermutigen lässt. Wie du darum kämpfst, hoffnungsvoll zu bleiben, gerade auch in dunklen Zeiten. Nie hast du uns deine Schmerzsituation zur Last gemacht. Vielmehr hast du mit uns darum gekämpft, ein möglichst normales Leben zu führen. Dafür bewundere und liebe ich dich. Du sanfte Schönheit mit dem Kämpferherz einer Löwin. Gott segne dich weiter mit einem kraftvollen und segensreichen Leben, trotz deiner körperlichen Grenzen.

Und er hat zu mir gesagt: Lass dir an meiner Gnade genügen; denn meine Kraft ist in den Schwachen mächtig (2. Korinther 12,9; LUT).

Rolf Sommer
Coach, selbstständiger Theologe

VORWORT

VON DR. MED. ULRICH KALLENBACH

Als auf die Behandlung von Schmerzen spezialisierter Arzt habe ich fast jeden Tag mit Menschen zu tun, die ähnliche Erfahrungen machen, wie im vorliegenden Buch von Debora Sommer beschrieben. Die oft schon sehr lange andauernden Leidensgeschichten werden dabei nicht allein von sehr unangenehmen körperlichen Symptomen geprägt (also dem, was landläufig unter »Schmerzen« verstanden wird), sondern häufig auch von psychischen und sozialen Schwierigkeiten, welche regelmäßig als Folgeerscheinungen auftreten; die Autorin berichtet hier beispielsweise von Depressionen und den Auswirkungen der schmerzbedingten Einschränkungen auf ihr Familienleben.

Das sogenannte bio-psycho-soziale Krankheitsmodell versucht, diese Multidimensionalität von chronischen Leiden auf unterschiedlichen Achsen abzubilden, und prägt mittlerweile auch das Verständnis der modernen Schmerzmedizin: Schmerzen *können* eine körperliche Schädigung anzeigen, *müssen* dies jedoch nicht zwingend. Die erlebte Schmerzstärke ist subjektiv, korreliert nur schlecht mit dem Ausmaß des biologischen Schadens, ist für den außenstehenden Beobachter aus keiner körperlichen Untersuchung heraus ableit- oder messbar – und dennoch für den Betroffenen höchst real! Das Ausmaß des verursachten Leidens respektive der resultierenden Behinderung ist nicht immer hinreichend mit einem körperlichen Defekt zu erklären, vielmehr sind dazu der seelische und soziale Kontext ebenfalls zu berücksichtigen. Schmerz ist also eine *komplexe* Wahrnehmung und selbst Experten sind trotz aller Fortschritte in der Wissenschaft noch immer ein ganzes Stück weit entfernt von einem umfassenden

Verständnis der zugrunde liegenden Mechanismen. Grob gesagt scheint zu gelten: Je größer die Chronifizierung, desto komplexer und stärker »verfilzt« ist das Problem und umso wahrscheinlicher ist mehr als nur eine der oben genannten Achsen betroffen. Wünschenswert wäre natürlich eine möglichst frühe und gezielte Prophylaxe, die eine solche Entwicklung verhindert.

Wohl praktisch jeder hatte schon einmal Erfahrung mit akuten Schmerzen. Dies sollte aber nicht zu einer unreflektierten Übertragung auf den Schmerz einer anderen Person Anlass geben; für chronische Schmerzen gilt dies im besonderen Maße! Insbesondere vorschnelle Urteile oder unpassende Ratschläge können, wie von der Autorin an mehreren Stellen schön beschrieben, sehr verletzend wirken. Auch bleibende soziale Nachteile wie etwa Ausgrenzung oder Arbeitsplatzverlust können resultieren.

Aus meiner Sicht machen vor allem drei Dinge dieses Buch besonders interessant. Erstens erzählt die Autorin auf eine bemerkenswert persönliche und sprachlich präzise Art von ihren Erlebnissen und Gedanken und ich hoffe, dass ihre Reflexionen dem einen oder anderen Leser dabei helfen werden, mit eigenen Schmerzen oder mit den Schmerzerkrankungen von Menschen in seinem Umfeld besser umgehen zu können. Zweitens finde ich die Perspektive des Ehemannes spannend, welche in einem eigenen Kapitel zum Ausdruck kommt und nochmals die soziale Dimension der Problematik veranschaulicht. Drittens sind die religiösen Einordnungen – die Autorin ist ja promovierte Theologin – selbst für einen Agnostiker wie mich durchaus inspirierend. In jedem Falle dienen sie wohl als gutes Beispiel dafür, dass aus dem Glauben gespeiste Hoffnung und Vertrauen sehr wertvolle Ressourcen darstellen können. Glücklich darf sich schätzen, wer darauf zurückgreifen kann!

Dr. med. Ulrich Kallenbach
Schmerzmedizin Aarau

VORWORT

VON DR. ANDREAS LOOS

Wer – wie ich – das Glück hat, Debora Sommer ein wenig zu kennen und die großen Geheimnisse des Lebens ab und an persönlich mit ihr zu bedenken, weiß es bereits: Sie schreibt kaum anders, als sie spricht. Das liegt wohl an den Themen, denen sie sich seit Jahren widmet und über die man ohne Selbstbetroffenheit kaum glaubhaft publizieren kann.

Ihre bisherigen Bücher über introvertiertes und hochsensibles Menschsein lesen sich als durchlebte und durchdachte Einführung in die pathische Grundverfasstheit unseres Lebens. Ein Staunen darüber, wie hochgradig offen und herrlich empfänglich wir Menschen für die Welt sind, in der wir leben.

Erfahren wir diese passive Berührbarkeit und Erlebnisfähigkeit positiv, wird daraus eine aktiv-passionierte und sehnsuchtsgeladene Hingabe an das Leben und seine (Selbst-)Entfaltung. Aber das Leben berührt uns immer auch negativ. Wir spüren seine Widerständigkeit, werden von ihm angegangen und fühlen uns in der Welt ausgesetzt und ausgeliefert.

Schon immer hat die Autorin ein feines Gespür für die schmerzhafte Seite des pathischen Lebens gehabt. Nun aber wendet sie sich dieser Dimension so mutig und entschlossen zu wie noch nie. Sie thematisiert eine der intensivsten, pathologischen Formen des Leidens, den chronischen Schmerz.

Ich schätze die schonungslose und ungeschminkte Offenheit, in der die Autorin beschreibt, wie sie Schmerzen erlebt. Dies alles ohne Voyeurismus und manipulierende Effekthascherei. Und genau deshalb ebnet das Buch eine freie Fläche, auf der sich die

Leserinnen und Leser so, wie es für sie selbst gut ist, mit den geschilderten Erfahrungen identifizieren können.

Das Buch erzählt auch eine verheißungsvolle Geschichte über die Dekonstruktion von christlichen Glaubensüberzeugungen und -praktiken, die in der Sinnlosigkeit und Ohnmacht des Leidens nicht länger halten, was sie mal versprochen haben. Gott, der Glaube an ihn und die Gemeinschaft der Gläubigen werden als verkomplizierende, ja schmerzverstärkende Faktoren geschildert. Das macht das Buch auch für eine nicht religiöse Leserschaft interessant.

Wer aber mag, der folgt der Autorin auch in der Rekonstruktion, nämlich darin, wie sie immer wieder neu ein Ja zum Leben und damit auch zum Gott ihres Lebens findet. Kein triumphierendes, kein unangefochtenes, sondern ein wiederholungsbedürftiges, wackliges und tapsiges. Aber gerade so ein trotzkräftiges, das schmerzvolle Leben aushaltendes Ja. Was dieses Ja begünstigen und wahrscheinlicher machen kann, dazu hält das Buch manches an religiösem und zwischenmenschlichem Erfahrungswissen bereit. Es hat das Potenzial, denjenigen, die Schmerz ertragen müssen oder den Schmerz anderer mittragen müssen, ein Ja zum Leben offenzuhalten, und das wäre etwas Großes.

Dr. Andreas Loos, Projektleiter bei Fokus Theologie
(Erwachsenenbildung der reformierten Kirchen Schweiz)

EINFÜHRUNG

Noch nie ist es mir so schwergefallen, ein Buch zu beginnen. Noch nie habe ich so lange gezögert. Noch nie habe ich so viele Anfänge verworfen und nochmals von vorne begonnen. Zu viele Stolpersteine bremsten mich aus, bevor ich überhaupt angefangen hatte: der große Respekt vor dem Thema. Die Unzulänglichkeit meiner Worte. Das Ringen mit meiner eigenen Schmerzsituation. Die Dunkelheit, die meinen Blick zeitweilig trübte. Herausforderungen privater Natur. Der Blick auf Menschen, deren Not unbeschreiblich viel größer ist. Die Sorge, dass meine Worte angesichts individueller und globaler Tragödien leer und kraftlos wirken könnten und die Last der Leidenden noch schwerer drückt.

Der tragische Suizid einer wundervollen jungen Studentin wurde zum letzten Anstoß, mein Zögern zu überwinden und ehrlich in Worte zu kleiden, was viel zu oft unausgesprochen bleibt. Sie stand kurz vor ihrem Abschluss am Theologischen Seminar, an dem ich unterrichte. Wunderschön, begabt, intelligent, geliebt, mit hoffnungsvollen Zukunftsaussichten. Dass sie entschied, freiwillig aus dem Leben zu scheiden, war ein Schock für alle, die sie kannten. Zurück bleiben Trauer, offene Fragen und die Erkenntnis: Es braucht mehr Transparenz im Umgang mit verborgenen Leiden, die auch vor Christen nicht haltmachen.

ZUM INHALT DIESES BUCHES

In diesem Buch geht es um chronische und seelische Schmerzen. Beides ist für Außenstehende meist unsichtbar, was das Gefühl der Einsamkeit bei Betroffenen verschärft.

Dieses Buch ist weder eine fachliche Abhandlung noch eine

theologische Erörterung der Themen »Leid« und »Schmerz«. Es geht vielmehr um meine persönlichen Erfahrungen und Lektionen aus den vergangenen zehn Jahren mit chronischen Schmerzen. Dabei handelt es sich nicht um fertige Wahrheiten, sondern um Gedankenanstöße, die gerne weitergedacht und in vergleichbare Situationen übertragen werden dürfen.

Dem Umstand, dass es sich um ein so persönliches und sensibles Thema handelt, möchte ich Rechnung tragen, indem ich die Leser meines Buches mit »Du« anspreche.

Meine Worte richten sich an Betroffene, aber auch an Menschen aus deren Umfeld. Betroffenen möchte ich eine Stimme geben, ihnen die Hand reichen und sagen: »Du bist nicht allein, auch wenn es sich für dich vielleicht oft so anfühlt.« Menschen aus deren Umfeld möchte ich die Möglichkeit geben, sich besser in die Situation von Schmerzpatienten oder Leidenden hineinzuversetzen. Aber auch enge Bezugspersonen von Betroffenen (Eltern, Kinder, Ehepartner, Freunde etc.) brauchen mehr Verständnis und Barmherzigkeit, da sie in dem Ganzen oft vergessen werden.

Das Buch besteht aus drei Hauptteilen:

- **Teil I** beschreibt, wie real die Erfahrung von Dunkelheit und Einsamkeit im »dunklen Tal« chronischer und seelischer Schmerzen sein kann. Hier greife ich vor allem schmerzliche Erlebnissplitter heraus, die das Gefühl der Einsamkeit, der Ohnmacht und des Unverstandenseins verstärkt haben; dies oft auch in der Interaktion mit anderen Menschen. Ausgehend von meinem Hintergrund spielt der christliche Glaube auch in diesem Teil eine tragende Rolle. Doch im dunklen Tal wird das Vertrauen auf Jesus Christus zu einer völlig neuen Herausforderung.
- **Teil II** enthält Impulse, wie der christliche Glaube an den dreieinigen Gott (Gott Vater, Jesus Christus, Heiliger Geist) zu einer aktiven Ressource bei der Schmerzbewältigung werden kann.

- **Teil III** thematisiert Schwierigkeiten und Chancen, die der Umgang mit Leid und Schmerz an eine Gemeinschaft stellt. Sei es im kleineren Rahmen von Angehörigen, Freunden oder Bekannten oder im größeren Rahmen einer christlichen Gemeinschaft. Hier erkenne ich dringenden Handlungsbedarf. Welcherart soll das Miteinander sein, damit Betroffene in der Gemeinschaft Halt finden, Menschen in deren Umfeld jedoch nicht an der Situation zerbrechen, sondern daran wachsen? So, dass Schmerzliches bestenfalls sogar zur Chance für ein verändertes Miteinander wird?

Die drei Teile bestehen aus insgesamt 52 Kurztexten, was dieses Buch zu einem potenziellen Jahresbegleiter macht. Pro Woche ein neuer Impuls.

Die Kurztexte beschreiben nicht meinen Status quo, sondern Momentaufnahmen, Erlebnis- und Gefühlssplitter eines ganzen Jahrzehnts. Obwohl biografisch und in der Ichform geschrieben, wünsche ich mir, dass die Texte auch stellvertretend für das Erleben von anderen Schmerzpatienten und Leidenden stehen, die nicht in der Lage sind, für sich selbst zu sprechen. Stets im Bewusstsein, dass Erfahrungen so individuell sind wie wir Menschen und jeder anders mit dem Erlebten umgeht.

In allem Schweren und Dunklen soll immer wieder Hoffnung durchschimmern. Daher endet jeder Eintrag mit einem Bibelvers und einem Hoffnungsschimmer. Letzteres in Form eines Gebets, das du gerne mitbeten darfst, wenn du magst. Es geht um Hoffnung, die im Vertrauen auf den dreieinigen Gott gründet. Wenn alle Stricke reißen und wir den Halt verlieren, ist der Lebendige und Allmächtige immer noch da; sind wir liebevoll von ihm gehalten – selbst wenn wir es nicht fühlen. Hoffnung klammert dunkle Erfahrungen nicht aus, sondern kämpft sich durch den Zerbruch. Es bleibt ein schmerzliches Ringen, sich mitten in der Dunkelheit an den zu klammern, der Halt verspricht und unsere Fragen und Zweifel aushält.

Einige kennen mich als Theologin (z. B. durch meine Arbeit am Theologischen Seminar St. Chrischona), andere als Autorin, Event-Sprecherin oder Menschenbegleiterin. Für Weitere bin ich eine Unbekannte. Mehr über mich und meine Tätigkeit erfährt man hier: www.deborasommer.com. Zudem bin ich seit 25 Jahren mit Rolf verheiratet und Mama von zwei wundervollen jungen Erwachsenen. Doch letztlich sind dies nur oberflächliche Angaben, die nicht viel über mich und mein Wesen aussagen.

Was viele nicht wissen und worüber ich in der Öffentlichkeit bis jetzt selten gesprochen habe: Ich bin auch Schmerzpatientin. Zum Zeitpunkt der Bucherscheinung ist der Schmerz seit exakt einem Jahrzehnt mein täglicher Begleiter. Auch wenn es in meinem Leben schon einige Hürden zu bewältigen gab, nichts ist vergleichbar mit der Erfahrung von Schmerz. Nichts so zermürbend. Nichts so herausfordernd. Nichts so überfordernd.

Zwei Persönlichkeitsmerkmale prägen meinen Umgang mit Schmerz besonders stark: Meine *Introversion* und meine *Hochsensibilität*. Über beide Veranlagungen habe ich Bücher geschrieben.[1]

Als Introvertierte bin ich stark nach innen orientiert (introvertiert kommt von Lateinisch *intro vertere = nach innen wenden*). Das heißt, dass ich Dinge tief in meinem Inneren bewege und oft Mühe damit habe, anderen Anteil an dem zu geben, was mich zutiefst umtreibt. Introvertierte sind Meister darin, sich vor anderen zu verstellen. Stark Introvertierte können ihre private Innenwelt derart hermetisch abriegeln, dass nach außen hin niemand mitkriegt, wie dunkel und hoffnungslos es in ihnen aussieht. Mit einem Lächeln auf den Lippen überspielen sie ihre Verzweiflung und Einsamkeit. Genau dies beschreibt meine Situation in gewissen

---

1 Sommer, Debora, 2018. *Die leisen Weltveränderer: Von der Stärke introvertierter Christen.* Holzgerlingen: SCM Hänssler. Sowie: Sommer, Debora, 2021: *Mit allen Sinnen auf Empfang: Hochsensibilität als Gottesgeschenk und Auftrag.* Holzgerlingen: SCM Hänssler.

Phasen meines Schmerzerlebens und wird auch in einigen Texten zum Ausdruck kommen.

Dass ich zusätzlich hochsensibel bin, wirkt in Verbindung mit meiner Introversion wie eine Verstärkung. Es sei erwähnt, dass es Hochsensibilität auch in einer extravertierten Ausprägung gibt. Schon länger fällt mir auf, dass die Erfahrung von Schmerz bei auffallend vielen Hochsensiblen (sowohl introvertierten als auch extravertierten) ein Thema ist. Der Grund dafür liegt auf der Hand. Aufgrund ihres empfindsameren Nervensystems nehmen Hochsensible – beziehungsweise erhöht Neurosensitive – äußere und innere Reize sehr viel intensiver wahr als Nichthochsensible und verarbeiten die Reize entsprechend tiefer. So nehmen Hochsensible auch Schmerzen intensiver wahr. Darüber hinaus reagieren sie oft stärker auf Medikamente, was sich in allerlei unangenehmen Reaktionen und Nebenwirkungen äußern kann. Der Mensch ist eine untrennbare Einheit von Körper, Seele und Geist. Wenn es einem Bereich schlecht geht, hat dies unmittelbare Auswirkungen auf die anderen Bereiche. Mir scheint, dass die »Zwischenwände« zwischen Körper, Seele und Geist bei Hochsensiblen besonders dünn, zerbrechlich und angreifbar sind. Umgekehrt kann es auch bedeutsam und hilfreich sein, dass Hochsensible schon kleinste Signale des Körpers wahrnehmen.

Es kostet mich viel Mut, dieses Buch zu schreiben. Denn darin öffne ich mein Herz in einer Weise, wie ich es noch nie zuvor gewagt habe. Damit mache ich mich angreifbar und verletzlich. Doch ich habe mich dafür entschieden, weil man einem existenziellen Thema wie diesem in der Theorie kaum gerecht wird.

Wer an chronischen Schmerzen leidet, ist nicht allein. Eine Studie[2] aus dem Jahr 2017 über chronische Schmerzen in siebzehn europäischen Ländern ergab, dass einer von fünf Europäern an chronischen Schmerzen leidet. In den siebzehn untersuchten EU-Ländern leiden 95 Millionen Menschen an chronischen Schmerzen; insgesamt 20 % der gesamten Bevölkerung. Eine erschreckend hohe Zahl.

Es gibt zahlreiche Bücher, die erläutern, was Schmerz ist und Aufschluss geben über verschiedene Schmerzarten und den Umgang damit. Schmerzen sind wichtige Warnsignale. Akute Schmerzen zeigen oft, dass im Körper etwas nicht in Ordnung ist. Dementsprechend verstehe ich auch seelische Schmerzen als Warnsignale, die wir dringend ernst nehmen sollten. Sie zeugen von einem inneren Leiden, das nach Aufmerksamkeit verlangt. Bei einer Chronifizierung kann sich der Schmerz verselbstständigen und zu einem eigenen Krankheitsbild werden, das höchst komplex und nicht leicht zu behandeln ist.

Es gibt verschiedene Gründe, weshalb ich lange zurückhaltend war, wenn es um die Thematisierung meiner chronischen Schmerzerkrankung ging. Zweifellos spielt Selbstschutz eine nicht unerhebliche Rolle. Durch meine Schmerzsituation wurde ich noch dünnhäutiger. Umso verletzter war ich, wenn Menschen unbedacht, oberflächlich oder lieblos mit mir und meinem Erleben umgingen. Tragischerweise geschah dies besonders oft im christlichen Kontext. Sei es durch Menschen, die behaupteten, wenn ich nur richtig glauben würde, dann wäre ich längst geheilt, oder solche, die nicht in der Lage waren, hilfreich mit meiner Schmerzsituation umzugehen.

Meine chronischen Schmerzen sind darauf zurückzuführen, dass es im Frühling 2013 (wie sich erst viel später herausstellte)

---

2 Survey on Chronic Pain, 2017: Diagnosis, Treatment and Impact of Pain. Online im Internet: https://tinyurl.com/u5nchfv2 [Stand: 02.06.2022].

vor oder während einer Bandscheibenoperation zu Nervenschäden an drei Nervenwurzeln im Lendenbereich gekommen sein muss (Post-Laminektomie-Syndrom). Die Folge davon waren neuropathische Schmerzen; Nervenschmerzen, die vom Lendenbereich über das Gesäß ins linke Bein bis in den Fuß ausstrahlen. Ich bin von Herzen dankbar für Ärzte, die mich in den vergangenen Jahren begleitet haben. Allen voran Dr. med. Ulrich Kallenbach und Dr. med. Reto J. D. Keller. Ohne ihre Unterstützung wäre ich heute nicht da, wo ich bin. Seit rund zwei Jahren erfahre ich dank wiederholter Behandlungen mit gepulster Radiofrequenz einige Wochen am Stück Schmerzlinderung, was ein großes Geschenk ist und eine Reduktion meiner Schmerzmedikamente möglich machte.

Ich suche kein Mitleid für mich, sondern möchte ganz grundsätzlich für chronische und seelische Erkrankungen und damit verbundene Herausforderungen sensibilisieren. Es ist mir bewusst, dass es Menschen gibt, die weit Schlimmeres durchmachen und ertragen als ich, was mich lange davon abgehalten hat, mich zu diesem Thema zu äußern. Habe ich denn überhaupt das Recht, etwas zu sagen? Ganz zu schweigen von Zuständen in anderen Ländern dieser Erde. Doch solche Gedanken sind ebenfalls Teil der Problematik. Vergleiche bringen uns nicht weiter. Ob eine Situation sehr schlimm, schlimm oder weniger schlimm ist – der Schmerz für Betroffene ist real. Wie überwältigend der Schmerz und das Leid anderer auch sein mögen, es ändert nichts an dem Umstand, dass ich mich meiner eigenen Lebenssituation und meinem eigenen Schmerz stellen muss.

Wenn es zum Thema *Schmerz* kommt, ist die Bibel ein weiser Ratgeber und kraftvoller Trostspender. Daher werde ich auch immer wieder auf sie zurückgreifen. Nicht weil sich dies für eine Theologin so gehört, sondern weil es meiner persönlichen Erfahrung entspricht.

Lange Zeit war ich überzeugt, dass ich allein auf weiter Flur bin mit meinem Erleben.

Zwei Beiträge in den sozialen Netzwerken haben mich eines Besseren belehrt. Zwei Mal in zehn Jahren hatte ich den Impuls, öffentlich etwas zu meiner Schmerzsituation zu schreiben. Das erste Mal in einem Facebook-Beitrag im Juni 2018, kurz nachdem mein Blühe-Buch[3] erschienen war und ich freudig von der Buchveröffentlichung und einer Einladung zum Autorenfestival in Marburg berichtet hatte. Doch das war bloß die eine Seite der Medaille. Die andere war, dass die Anreise und der Aufenthalt im Grunde genommen über meine verfügbaren Kräfte gingen und ich in der Nacht vor meiner Lesung vor Schmerzen kein Auge zutat. Also lag mir auf dem Herzen, über das Spannungsfeld zu schreiben, in dem ich steckte. Einerseits wunderbare Highlights (neue Bücher, Einsätze als Rednerin und vieles mehr), für die ich von Herzen dankbar war. Andererseits ein Wäschekorb voller leerer Medikamentenschachteln, symbolisch für die Medikamente, die ich im Jahr zuvor eingenommen hatte. Die Resonanz auf diesen Beitrag war eine Überraschung. Nie hätte ich mit so vielen dankbaren Echos gerechnet. Mehrheitlich von Menschen, von denen ich es nie erwartet hätte.

Mir wurde bewusst, wie viele Menschen leiden. Einige still und verborgen, andere lauter und öffentlicher. So viele Menschen fühlen sich zutiefst einsam und unverstanden. Mit dem vorliegenden Buch möchte ich einen Teil dazu beitragen, dass diese oft übergangene und missverstandene Gruppe von Menschen sichtbarer und spürbarer wird – auch im christlichen Kontext. Denn früher oder später könnten wir alle mit körperlichem oder seelischem Schmerz konfrontiert werden, wenn auch nicht in derselben Intensität.

---

3 Sommer, Debora, 2018. *Blühe dort, wo du gepflanzt bist.* Marburg: Francke-Buch.

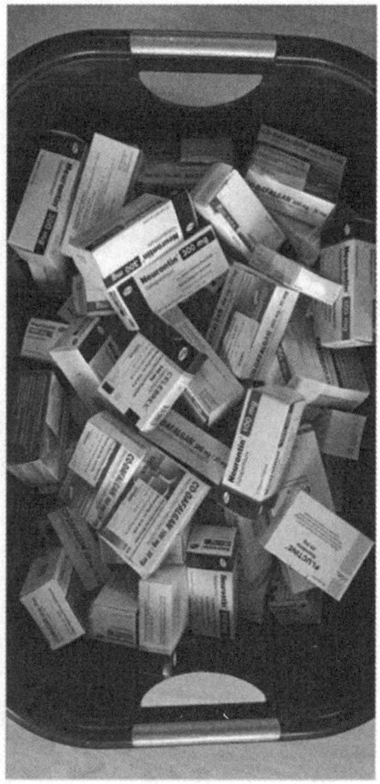

Noch größer war die Resonanz auf meinen zweiten Beitrag zu diesem Thema im August 2020. Es hat mich tief bewegt, wie viele Rückmeldungen und Hilferufe mich daraufhin erreichten. Aber auch Erleichterung darüber, dass andere ähnlich empfinden und man als betroffene Person nicht allein ist. Hier der erwähnte Beitrag in leicht angepasster Version:

12. August 2020
»Jede Person, die du triffst, kämpft einen Kampf, von dem du nichts weißt. Daher: Sei barmherzig!«

Heute wage ich wieder mal einen sehr persönlichen Beitrag. Ich wage es, weil in sozialen Netzwerken leicht ein einseitiger (und oberflächlicher) Eindruck eines Lebens entsteht. Daher dieser etwas andere

Blick auf meine aktuelle Lebenssituation. Aber vor allem wage ich es für diejenigen, die Ähnliches erleben und still für sich leiden. Ich möchte, dass sie wissen, dass es da draußen Menschen gibt, die ihren Schmerz teilen.

Einige von euch sind in den vergangenen Jahren vielleicht durch ein Buch, ein Referat, ein Interview oder anderes auf mich gestoßen. Als introvertiert-hochsensible Person kostet es mich immer wieder viel Mut und Kraft, mich auf diese Weise sichtbar und verletzlich zu machen. Hinzu kommt ein Kampf, den ich nun schon bald acht Jahre kämpfe und von dem nur wenige wissen: der Kampf gegen chronische Schmerzen.

Es ist schwierig, in Worte zu fassen, was es mit einem Menschen macht, wenn man jeden Tag (und jede Nacht) einer Woche, eines Monats, eines Jahres ... Schmerzen hat. Dazu kommt: Schmerzen sind unsichtbar. Und selbst wenn Nahestehende davon wissen, irgendwann gewöhnt man sich daran. Irgendwann fragt man nicht mehr nach, wenn man monatelang die Antwort erhalten hat »Nein, es ist noch nicht besser«. Damit wächst die Einsamkeit der Betroffenen. Es fühlt sich für sie an, als ob sie etwas durchstehen müssten, bei dem ihnen niemand helfen kann. Man sieht weder einen Arm im Gips noch eine sonstige sichtbare Einschränkung. Trotzdem kämpfen Betroffene gegen ein reales Leiden, das ihren Alltag auf unerbittliche Weise beeinträchtigt.

Ich möchte an dieser Stelle nicht näher auf die Umstände eingehen, die zu meiner chronischen Schmerzsituation geführt haben, oder die aktuellen Gegebenheiten. Ich bin nicht auf der Suche nach Ratschlägen, was man in meinem Fall besser oder anders machen sollte. Heute habe ich das große Privileg, in den Händen von ausgezeichneten Ärzten zu sein. In den vergangenen Wochen hat sich die Perspektive neuer Behandlungsmöglichkeiten eröffnet und ich wage es, mich nochmals auf einen Prozess mit unbestimmtem Ausgang einzulassen.

Natürlich haben wir auch oft gebetet! Ich glaube an einen Gott, der Wunder tut und heute noch sichtbar eingreift und Menschen auch körperlich heilen kann (das durften wir selbst schon eindrücklich erleben!). Aber ich glaube auch an das Wunder innerer Heilung und übernatürlicher Stärke, selbst wenn körperlich nicht das eintritt, wofür ich und andere beten. Es ist Ausdruck der Demut anzuerkennen, dass ER Gott ist und ich nicht. Aber auch Ausdruck der Überzeugung, dass dieser Schmerz nicht von IHM kommt, sondern dass mir der Lebendige höchstpersönlich in dieser gefallenen und gebrochenen Schöpfung nahe ist – und in meiner Einsamkeit mit mir weint.

Was manchmal noch schlimmer ist als der körperliche Schmerz, ist die psychische Erschöpfung. Ich kann gar nicht mehr zählen, wie oft ich in den vergangenen Jahren an einen Punkt gelangt bin, an dem ich dachte: Ich kann nicht mehr. Ich schaffe das nicht länger. Gedanken, die ich oft nicht einmal meinem Ehemann anvertraut habe.

Das Kostbarste, was ich in den vergangenen Schmerzjahren erfahren durfte, ist die Gnade, mich mitten im Schmerz von Gott gehalten zu wissen und ihm auf unaussprechliche Weise näherzukommen, als ich es je für möglich gehalten hätte. Es geht um die Gnade, mitten im Schmerz und der Traurigkeit Schönheit zu finden – Ganzheit – und Frieden. Ich spreche bewusst von Gnade, weil dies nicht mein eigenes Verdienst ist. Ich habe Verständnis für Menschen, die sich – vom Schmerz überwältigt – von Gott abwenden oder auf ihre eigene Weise damit umgehen. Auch bei mir gibt es Phasen, in denen es mir schwerfällt, über den Rand der Dunkelheit hinaus etwas anderes zu erkennen. Doch selbst in solchen Momenten trägt mich heute die unerschütterliche Gewissheit, dass ich gehalten bin. Selbst dann, wenn nicht einmal mehr ein Gebet über meine Lippen kommt.

Falls du selbst von chronischen Schmerzen (oder anderen Formen von Schmerz) betroffen bist, möchte ich dich von Herzen ermutigen: Gib nicht auf, auch wenn es aussichtslos scheint. Du bist gehalten! Da ist Einer, der deinen Schmerz sieht und dir mitten in deiner Einsamkeit und Traurigkeit nahe sein möchte.

Falls du nicht weißt, wie sich chronische Schmerzen anfühlen, möchte ich dich bitten – sei nachsichtig und erinnere dich stets daran: »Jede Person, die du triffst, kämpft einen Kampf, von dem du nichts weißt. Daher: Sei barmherzig!« Und wenn du noch mehr tun möchtest, dann suche nach einem Weg (z. B. sorgsam gewählte Worte, eine ermutigende Nachricht, eine kleine Aufmerksamkeit etc.), um Betroffenen zu zeigen, dass dir ihr Leiden nicht egal ist.

WUNSCH AN DEN LESER, DIE LESERIN

Falls du nicht persönlich betroffen bist und das Buch einfach aus Interesse liest oder weil jemand in deinem Umfeld leidet, wünsche ich dir wachsendes Verständnis und ein offenes Herz. Der Umgang mit Leidenden erfordert Geduld, Weisheit, Fingerspitzengefühl, Mitgefühl, Behutsamkeit und Nachsicht. Ich möchte dir meinen tiefen Dank aussprechen, dass du bereit bist, dich diesem Thema zu stellen. Das zeugt von Respekt und Großherzigkeit. Falls du als enge Bezugsperson müde und kraftlos geworden bist, wünsche ich dir neue Kraft und Perspektive.

Falls du selbst chronisch krank bist oder sonst an Schmerzen leidest, wünsche ich dir viel Trost und neuen Mut. Lass nicht zu, dass Bitterkeit oder Hoffnungslosigkeit dein Herz erobern und dein Innenleben vergiften. Ich bete dafür, dass die Hoffnungsschimmer zu dir durchdringen und du Halt findest bei dem, der dich behutsam und liebevoll in seinen Händen hält.

Dies wünscht von Herzen

Debora Sommer
Wilen am Sarnersee (Schweiz), 2. Juni 2022

TEIL I:

HALTLOS.
ALLEIN IM DUNKLEN TAL

Die Wanderung im finsteren Tal fühlt sich beklemmend an. Bedrohlich. Schmerzlich. Furchterregend. Hoffnungslos. Einsam. Es ist ein Ort extremer Dunkelheit. Ein Ort der Orientierungslosigkeit, der Ausweglosigkeit, der Zweifel und Tränen. Im »Tal des Todesschattens«[4] wird meine Existenz in ihren Grundfesten

4 Die Deutung »Tal des Todesschattens« findet sich erst in der Septuaginta, d. h. in der griechischen Übersetzung der hebräisch-aramäischen Texte des Alten Testaments. Im hebräischen Urtext liegt kein direkter Bezug zum physischen Sterben vor. Gemeint ist vermutlich ein Tal mit lebensgefährlich tiefen Schatten oder ein Tal, auf dem ein Schatten von Todesgefahr liegt. Eine andere etymologische Herleitung des hebräischen Textes führt zur Übersetzung »Tal der extremen Dunkelheit«.

erschüttert. Oberflächliche Aussagen werden zur Farce. Rat-Schläge werden ihrem Namen gerecht. Das Tal des Todesschattens mag für einige ein reales Ringen zwischen Leben und Tod bedeuten. Andere durchschreiten das Tal innerlich, ohne dass andere davon wissen.

Diese Etappe meiner Lebenswanderung habe ich mir nicht ausgesucht. Wie bin ich bloß hier gelandet? Ich weiß es nicht. Ebenso wenig weiß ich, wie lang das Tal ist und vor allem wo der Ausgang ist. Gibt es überhaupt einen? Ich fühle mich haltlos und habe große Angst. Es schnürt mir die Kehle zu. Wieso hört niemand meine Hilfeschreie? Ich fühle mich unsichtbar. Ungehört. Unverstanden.

Ich muss mich unbedingt daran erinnern, dass das dunkle Tal nicht das Ziel meiner Lebenswanderung ist. Es ist ein beängstigendes Wegstück, dem ich mich stellen muss, wenn mein Weg weitergehen soll. Daher darf ich nicht liegen bleiben. Selbst wenn ich zum wiederholten Mal hingefallen bin. Ich will mich aufrappeln. Weitergehen. Stolpernd und tastend. Weiterkämpfen. Es warten saftige Wiesen und Wasserstellen, an denen ich mich ausruhen darf. Wo der gute Hirte spürbar nah ist. Wo mich seine Güte und Gnade umfangen. Es wartet ein Festmahl. Und ein ewiges Zuhause.

Doch noch ist es nicht so weit. Noch stecke ich hier fest.

1. MORGENSTUND HAT BLEI IM MUND

Nach einer unruhigen Nacht fühle ich mich zerschlagen. Der Gedanke an einen neuen Tag und was er mit sich bringt – selbst kleinste alltägliche Verpflichtungen wie ein Einkauf, ein Gang zur Post oder Schmutzwäsche in Endlosschleife – verstärken meine innere Unruhe. Offene To-dos türmen sich wie unüberwindbare Berge vor mir auf. Ich höre, wie die Nachbarschaft zum Leben erwacht. Vögel zwitschern. Hunde bellen. Autos werden aus der Garage gefahren. Kinder und Jugendliche machen sich auf den Schulweg. Während ich all den vertrauten Geräuschen lausche, möchte ich am liebsten die Decke über den Kopf ziehen und weiterschlafen, bis sich die Dinge auf wundersame Weise zum Besseren gewandelt haben. Doch im Bett halte ich es vor Schmerzen nicht länger aus. Ich brauche dringend meine morgendlichen Medikamente. Um mich zum Aufstehen zu zwingen, liegen sie nicht auf meinem Nachttisch. Also bleibt mir nichts anderes übrig, als steifbeinig in die Küche zu humpeln. Mein Plan, mich auf diese Weise zum Aufstehen und zu einem aktiven Start in den Tag zu überlisten, ist von Vornherein zum Scheitern verurteilt. Genau wie an den Tagen zuvor. Denn nach der Einnahme der Medikamente zieht es mich auf direktem Weg zurück ins Bett. Seufzend lege ich mich wieder hin. Immerhin fühlt es sich hier nach einem Stück Geborgenheit an. Da ist mein geliebtes Heizkissen, das mir durch seine Wärme etwas Linderung im Lendenbereich verschafft. Im Platzieren von Massagebällen an meinen akutesten Schmerzpunkten bin ich in den vergangenen Monaten eine wahre Expertin geworden. Auf den fragenden Blick meiner Tochter, die auf dem

Weg zur Schule ihren Kopf durch die Schlafzimmertür steckt, erwidere ich: »Guten Morgen, mein Schatz, ich warte nur noch kurz, bis die Medikamente wirken.« Vermutlich weiß sie genauso gut wie ich, dass ich auch noch liegen werde, wenn die ersehnte Wirkung längst eingetreten ist. Einfach weil sich alles an mir anfühlt wie Blei. Nicht nur mein Körper. Ganz besonders mein Herz. Würde das Liegen nicht so wehtun, würde ich vielleicht gar nicht mehr aufstehen. Während andere Supermamas ihren Teenagern Frühstück machen, das vorbereitete Mittagessen einpacken und ihrer Familie gesunde Hausmannskost mit auf den Weg geben, liege ich reglos, traurig und mit Gewissensbissen im Bett und warte. Worauf eigentlich? Ich weiß es nicht. Darauf, dass das Leben erträglicher wird? Dass mich jemand auf wundersame Weise aus meiner Antriebslosigkeit befreit?

Nachdem mit meiner Tochter das letzte Mitglied unserer Familie außer mir das Haus verlassen hat, geht er weiter: mein Kampf gegen eine Müdigkeit, die längst nicht bloß der Serie von schwierigen und mehrheitlich schlaflosen Nächten zuzuschreiben ist. Diese Art von Müdigkeit sitzt tiefer und ist äußerst besitzergreifend. Sie raubt meine Lebenskraft, meinen Lebensmut, meinen Lebenswillen. Zurück bleibt ein lebensmüdes Häufchen Elend. Die Vorsätze, die ich am Vorabend gefasst habe, um mein Leben wieder etwas auf die Reihe zu kriegen, platzen wie Seifenblasen. Ein Vorsatz nach dem anderen löst sich in Luft auf. Wie gelähmt liege ich da. Unfähig, in den Tag zu starten. Es klingelt an der Haustür. Vermutlich der Briefträger. Ich lasse ihn klingeln. Mein Handy surrt zum wiederholten Mal. Textnachrichten von meiner Familie, Freunden, Bekannten oder wem auch immer. Ich lasse es weitersurren, während mir eine Träne über die Wange läuft.

Psalm 6,3a
Erbarme dich über mich, HERR,
denn ich bin kraftlos wie ein welkes Blatt.

Hoffnungsschimmer:

Trotz meiner Schmerzen, meiner Kraftlosigkeit und Überforderung, in diesen neuen Tag zu starten, ist es ein Tag, den Du, lebendiger Gott, mir schenkst. Ein Tag, den Du mir zutraust. Ich will nicht ablehnen, was Du mir schenkst. Ich will Dir zutrauen, dass Du am heutigen Tag Gutes für mich bereithältst. Hilf mir, es nicht zu übersehen, auch wenn mein Blick getrübt ist.

2. DÉJÀ-VU

Erschöpft setze ich mich ins Wartezimmer des Schmerzzentrums im Inselspital Bern. Ein älteres Ehepaar begrüßt mich freundlich. Es ist nicht zu erkennen, wer von beiden der Patient ist. Heute habe ich keinen guten Tag. Die Anreise mit dem Zug und Bus hat mich körperlich an meine Grenzen gebracht. Eine nette Dame überreicht mir ein Klemmbrett mit Blättern und bittet mich, die Fragen auszufüllen. Es handelt sich um einen Schmerzfragebogen, der meiner behandelnden Ärztin dabei helfen soll, die Ursachen meiner Schmerzen besser einschätzen zu können und eine konkretere Vorstellung davon zu erhalten, wie stark das Schmerzerleben meine Lebensqualität beeinträchtigt.

Nach Fragen rund um das Schmerzempfinden und die Schmerzstärke geht es immer mehr ans Eingemachte. Schließlich lande ich bei Aussagen, die mein Befinden in der vergangenen Woche erfragen. Eine ganze Seite voll. Zum Beispiel: »Ich konnte überhaupt keine positiven Gefühle mehr erleben« oder: »Es fiel mir schwer, mich dazu aufzuraffen, Dinge zu erledigen«. Je nachdem, was ich ankreuze, gibt dies Aufschluss darüber, wie stark die entsprechende Aussage auf mich zutrifft. Während ich die Aussagen überfliege und mit Ankreuzen beginne, erlebe ich ein Déjà-vu. Ich sehe mich rund ein Jahr zurückversetzt in einem anderen Wartezimmer sitzen und einen fast identischen Fragebogen ausfüllen.

Damals befand ich mich in einem Schmerzzentrum in der Nähe meines Wohnorts. Nach einem unglücklichen Treppenstolperer drei Monate zuvor und einem weiteren dummen Zwischenfall litt ich unter schier unerträglichen akuten Schmerzen. Zudem nahm ich mit wachsender Sorge zur Kenntnis, dass etwas mit meinem linken Fuß und Bein ganz und gar nicht mehr in Ordnung war. Der

Zugang zum Schmerzzentrum führte über eine Straße mit historischen Pflastersteinen. Mehr als einmal wäre ich beinahe gestürzt, weil mein linker Fuß an einem Pflasterstein hängen blieb und ich daraufhin stolperte. Mein Bein verweigerte mir von Tag zu Tag mehr den Dienst. Bei meinem Termin ging es um die Frage, ob vielleicht eine Kortisonspritze meine akuten Schmerzen lindern könnte. So weit kamen wir allerdings gar nicht. Mein Besuch im Schmerzzentrum endete damit, dass der Chefarzt, der mich untersuchte, Alarm schlug, weil die Lähmung in meinem Bein, verursacht durch eine Nervenkompression im Lendenbereich (aufgrund eines Bandscheibenvorfalls) zu stark fortgeschritten war. Von diesem Zeitpunkt an konnte ich mich nur noch mit Krücken fortbewegen. Nachdem die Lähmung wenig später auch auf die Blase übergriff, war der Weg bis zur Operation nicht mehr weit.

Das Déjà-vu betrifft vor allem die Fragen nach meinem momentanen Befinden. Ich kann mich noch verblüffend gut daran erinnern, was ich rund ein Jahr zuvor bei gewissen Fragen gedacht habe. Unter dem Strich ergab meine Einschätzung von damals, dass der körperliche Schmerz zwar akut und schwer auszuhalten, meine psychische Verfassung hingegen trotz allem stabil und hoffnungsvoll war. Was um Himmels willen war im vergangenen Jahr mit mir geschehen? Wann genau hatte sich diese beunruhigende Veränderung in mir vollzogen? Ein Jahr später ist der Schmerz noch immer da – nun chronisch und nicht mehr akut –, doch meine psychische Verfassung ist im Vergleich dazu nicht wiederzuerkennen. Keine Spur mehr von der emotionalen Stabilität und Zuversicht von damals, sosehr ich auch in mich hineinhorche. Die zermürbenden Schmerzen der vergangenen Monate haben ganze Arbeit geleistet und mich zu einem Schatten meiner selbst gemacht.

Dies durch einen Fragebogen so schonungslos vor Augen geführt zu bekommen, ist zu viel. Tränen laufen mir über die Wangen. Ich bemühe mich gar nicht erst, sie zurückzuhalten, was äußerst untypisch für mich ist. Das Ehepaar blickt mich voller Verständnis und mit traurigen Augen an. Als ich vor den beiden aufgerufen werde, sagen sie zu mir: »Wir drücken Ihnen die Daumen. Alles Liebe und Gute!« Diese rührende mitfühlende Geste verstärkt den Kloß in meinem Hals. Meine krächzende Antwort steht für ein Dankeschön, das eigentlich so viel mehr aussagen möchte.

Jeremia 29,11 (HFA)
Denn ich allein weiß, was ich mit euch vorhabe: Ich, der HERR, habe Frieden für euch im Sinn und will euch aus dem Leid befreien. Ich gebe euch wieder Zukunft und Hoffnung. Mein Wort gilt.

Hoffnungsschimmer:

Himmlischer Vater, es ist überlebensnotwendig, dass ich mich in Zeiten der Abwärtsspirale und Verschlechterung daran klammere, wer Du bist und welche Absicht Du mit mir verfolgst. Wie auch immer sich mein Leben weiterentwickelt, Du hast nicht Untergang und Zerstörung für mich im Sinn, sondern Wiederherstellung, Freiheit, Zukunft und Hoffnung. Schicke mir am heutigen Tag einen göttlichen Hoffnungsschimmer. Vielleicht ist es ein freundliches Wort von Unbekannten. Vielleicht ein Lied, das mir Kraft gibt. Oder die Erinnerung an ein Versprechen von Dir!

3. LEBEN IM DAUER-AUSNAHMEZUSTAND

Leben im Ausnahmezustand bringt verschiedene Herausforderungen mit sich. Ein Ausnahmezustand tritt dann ein, wenn unser Leben von einem Moment auf den anderen kopfsteht. Zum Beispiel, wenn jemand einen Unfall hat. Oder wenn jemand – wie es im Herbst 2020 in unserem Umfeld des Öfteren geschah – positiv auf das Coronavirus getestet wurde, bevor es einen Impfstoff gab, und sich isolieren musste. Besonders in den Anfängen der Pandemie war auffallend, dass viele Menschen in unserem Umfeld großartig darin sind, anderen in Ausnahmezuständen beizustehen. Die Hilfsbereitschaft von Freunden, Familienmitgliedern, Nachbarn, Berufskollegen und auch innerhalb unserer Freikirche[5] war enorm. Es lag auf der Hand: Hier muss geholfen werden. Man sprach sich ab, brachte Lebensmittel vorbei, schickte Blumen oder andere Zeichen der Ermutigung. Alles wunderbar und überaus lobenswert. Daher hat es eine Weile gedauert, bis ich dem nagenden Gefühl auf die Schliche kam, das sich immer dann einstellte, wenn ich ebendiese Hilfsbereitschaft beobachtete oder mich sogar aktiv an der Unterstützung von anderen beteiligte. Ich schäme mich fast, es zu schreiben. Aber es handelte sich um Eifersucht. Ja, ich war eifersüchtig darauf, dass andere so viel Zuwendung erhielten, man sich interessiert nach ihrem Ergehen erkundigte und ihnen praktisch half. Dies, obwohl einige der Umsorgten nicht einmal ernsthaft krank waren (was ich ihnen ja von Herzen gönne, während ich mit anderen, die schwer erkrankten, aufrichtig mitlitt).

---

5 In der Fortsetzung des Buches verwende ich den Begriff »Kirche« als Sammelbegriff für verschiedene christliche Gemeinschaften.

Eifersüchtig deshalb, weil es mir so unfair erschien. Unfair, mir und anderen Schmerzpatienten oder Leidenden gegenüber, die nicht nur in einem Ausnahmezustand, sondern in einem *Dauer*-Ausnahmezustand leben. Die Eifersucht in mir stichelte: Um andere kümmert man sich, doch wer sieht *deine* Not? Und so paarte sich die Eifersucht mit Einsamkeit.

Das Gute an Ausnahmezuständen ist: Früher oder später hören sie auf und man kehrt wieder zur Normalität zurück. Schmerzlich an *Dauer*-Ausnahmezuständen ist: Der Ausnahmezustand hört nicht mehr auf. Er wird nicht zwingend zu einer neuen Normalität wie beispielsweise bei einem Todesfall, wo es kein Zurück gibt. Im Dauer-Ausnahmezustand besteht immer noch die leise Hoffnung, dass es eines Tages, wann und wie auch immer, auf wundersame Weise eine Veränderung geben könnte. Wenn Menschen lange Zeit in einem Dauer-Ausnahmezustand leben, gewöhnt sich ihr Umfeld daran. Die anfängliche Hilfsbereitschaft bricht (aus nachvollziehbaren Gründen) ab. Unsichtbare Leiden können mit der Zeit gar in Vergessenheit geraten. Nicht so bei den Betroffenen. Sie leben damit. Jeden Tag. Jede Nacht. Jede Woche. Jeden Monat. Jedes Jahr. Und wieder von vorne.

Doch wo endet ein Ausnahmezustand und wann wird er zum Dauer-Ausnahmezustand? Die Übergänge sind fließend und individuell. Ausnahmezustände, die sich dahinziehen, sind nicht nur für Betroffene, sondern auch für deren Angehörige, Ehepartner, Eltern, Kinder oder enge Freunde sehr belastend. In meinen ersten Schmerzmonaten haben wir als Ehepaar und Familie von Arzttermin zu Arzttermin gelebt, immer in der Hoffnung, dass bald wieder alles so ist, wie es vorher war. Da ich nach der Operation Mühe damit hatte, über die linke Seite aufzustehen, haben Rolf und ich die Bettseiten getauscht. Dies behielten wir auch in den Monaten danach bei. Immer deutlicher spürte ich, wie sich unser Familienleben durch meine Schmerzsituation veränderte.

An Silvester 2013, zehn Monate nach der Operation, verspürte ich den dringenden Wunsch, die Bettseiten wieder zurückzutauschen. Sozusagen symbolisch dafür, dass der Ausnahmezustand, in dem wir uns seit rund einem Jahr als Ehepaar und Familie befanden, zu einem Abschluss kam. Es war ein sehr emotionaler Moment, als ich meine persönlichen Gegenstände wieder auf meinen ursprünglichen Nachttisch auf der linken Seite zurückstellte. Mein großer Wunsch war, dass meine Familie wieder zur Ruhe kommt und ich akzeptieren lerne, was derzeit unabänderlich schien. Seitdem sind weitere Jahre verstrichen. Was mir damals nicht bewusst war: Der symbolische Abschluss des Ausnahmezustandes am Silvesterabend markierte meinen individuellen Übergang in die Zeit des Dauer-Ausnahmezustandes, in dem ich mich bis heute befinde.

Jesaja 49,15 (NLB)
Kann eine Mutter etwa ihren Säugling vergessen? Fühlt sie etwa nicht mit dem Kind, das sie geboren hat? Selbst wenn sie es vergessen würde, vergesse ich dich nicht!

Hoffnungsschimmer:

Dreieiniger Gott, selbst wenn ich mich von Menschen übergangen, ungesehen oder vergessen fühle, Du vergisst mich nicht! Ich will aber auch nicht ausschließen, dass es Menschen in meinem Umfeld gibt, die (zumindest für eine Weile) intensiver an mich denken und für mich beten würden, wenn ihnen bewusst(er) wäre, wie es um mich steht. Bitte, gib mir eine Person in den Sinn, die ich in dieser Woche daran erinnern darf, dass die Umstände für mich nach wie vor schwierig sind und ich mich oft einsam fühle. Bereite Du diese Person vor, damit ihre Reaktion hilfreich und Mut machend ausfällt.

4. STURM IN MIR

besonnen
rational und klar
nimmt er mich wahr

merkt er denn nicht?

arrogant
distanziert und kühl
schilt mich ihr Gefühl

spürt sie denn nicht?

heiter
lebensfroh und nett
mach ich Vorurteile wett

sehen sie denn nicht?

tapfer
selbstbewusst und klug
der Lobesworte sind genug

wisst ihr denn nicht?

von dem Sturm in mir
den wilden Wassermassen
die mir keine Ruhe lassen

weißt du denn nicht?

von der Not in mir
die schrecklichen Gewalten
mit aller Kraft zurückzuhalten

weißt du denn nicht?

von der Traurigkeit in mir
dem ungeheuerlichen Sinken
dem Kampf nicht völlig zu ertrinken

weißt du denn nicht?

von der Einsamkeit in mir
den Worten die mir fehlen
dir das alles zu erzählen

weißt du denn nicht?

Markus 4,39 (HFA)
Jesus stand auf, gebot dem Wind Einhalt und befahl dem See: »Sei still! Schweig!« Sofort legte sich der Sturm, und es wurde ganz still.

Hoffnungsschimmer:

Wie tröstlich, einen Sturmstiller zu kennen, der mächtiger ist als alle Stürme dieser Welt. Auch mächtiger als meine äußeren und inneren Lebensstürme. Du allmächtiger Sturmstiller, ich bringe Dir den Sturm in mir. Gebiete Du ihm Einhalt! Halte mich bitte fest, damit ich nicht untergehe.

5. FREUND ODER FEIND?

Während draußen vor dem Zugfenster die charmante Landschaft des Berner-Mittellands, Emmentals und Oberaargaus an mir vorbeizieht, blättere ich widerwillig in den Büchern, die mir die behandelnde Ärztin im Schmerzzentrum des Inselspitals Bern zur Lektüre mitgegeben hat. Zum Beispiel *Den Schmerz in den Griff bekommen: Die Strategie des aktiven Umgangs mit chronischen Schmerzen*[6] – durch Optimierung des Aktivitätsniveaus dank Pacing[7], Änderung der Lebensweise, Ablenkung, positiver Denkweise und vielem mehr. Als ob das so einfach wäre. Zudem *will* ich mich überhaupt nicht mit diesen Themen beschäftigen. Ich *will* den Schmerz gar nicht in den Griff bekommen. Vielmehr will ich, dass er so schnell wie möglich aus meinem Leben verschwindet. Auf Nimmerwiedersehen.

Nach einer Weile nehme ich ein anderes Buch zur Hand und schlage es irgendwo auf. »Mache den Schmerz zu deinem Freund!« steht dort. Das geht zu weit. Genervt packe ich die Bücher zurück in die Tasche. Ich bin in keiner Weise bereit dafür, den Schmerz als Freund willkommen zu heißen. Er ist ein ungeladener, unwillkommener Gast. Was soll das bitte schön für ein Freund sein, der mein Leben sabotiert? Der mich gewaltsam los-löst von so vielem,

---

6 Nicholas, Martin; Molloy, Allan u. a., 2014. *Den Schmerz in den Griff bekommen: Die Strategie des aktiven Umgangs mit chronischen Schmerzen.* 2. überarbeitete und erweiterte Aufl. Bern: Hans Bucher.

7 Die Pacing-Strategie besteht darin, sorgfältig mit den eigenen Ressourcen umzugehen und zu erkennen, wo die eigenen Grenzen liegen. Der Begriff leitet sich vom englischen Wort *pace* für *Geschwindigkeit, Tempo* ab. Es geht also darum, das Lebenstempo im Alltag unter Kontrolle zu halten und rechtzeitig auf die Bremse zu treten, wenn die Anstrengung zu groß wird.

was mir lebenswichtig scheint. Der mich Halt-los, Kraft-los, Mut-los, Hoffnungs-los, Rat-los, Trost-los, Hilf-los und Sprach-los zurücklässt und vieles Sinn-los erscheinen lässt. Nein, der Schmerz ist nicht mein Freund. Wohl eher mein Feind. Er hält mich in einem Teufelskreis gefangen. Es gäbe durchaus Dinge, die hilfreich wären im Kampf gegen die Schmerzen. Zum Beispiel ausreichend Schlaf oder Bewegung. Doch die Schmerzen hindern mich nicht nur am Schlafen, sondern machen auch Bewegung zu einer Qual. Dazu kommen die vielen Nebenwirkungen auf Medikamente: Gewichtsveränderungen, Ekzeme, Haarausfall, ein aufgedunsenes Gesicht und vieles mehr. Ganz zu schweigen von meiner psychischen Verfassung. All dies verstärkt mein Unbehagen und meine Unsicherheit, wenn ich unter Menschen bin.

»Mache den Schmerz zu deinem Freund!« Der Satz lässt mir keine Ruhe. Warum sollte jemand dies tun wollen? Was hätte es für Vorteile? Ich krame nochmals das entsprechende Buch hervor. Es sei wichtig, mit dem Schmerz als gutem Freund zusammenzuarbeiten, weil er der Wächter meiner Gesundheit sei und mich nur in liebevoller Absicht verwunde, um mich zu warnen und mir zu helfen. Es sei wichtig, den Schmerz als Freund anzunehmen, damit ich ihn nicht aktiv bekämpfe und so meiner Genesung entgegenwirke. Es gehe darum, ihn in mein Leben zu integrieren. Vom Schmerz als Lehrmeister zu lernen, wie Schlimmeres vermieden werden kann und wo Wachstumsmöglichkeiten sind. Selbst wenn ich nie mehr schmerzfrei sein sollte, so sei ich im besten Fall mit der Zeit doch womöglich freier im Schmerz. Der Schmerz habe mir viel zu erzählen, wenn ich bereit sei, auf ihn zu hören. So würden mir möglicherweise weitere Schmerzursachen oder schmerzverstärkende Faktoren bewusst, an denen ich etwas ändern kann.

Ich bezweifle, dass die Person, die das geschrieben hat, eine Ahnung davon hat, wie sich chronische Schmerzen anfühlen. Beim Durchblättern der anderen Bücher in meiner Tasche stelle ich jedoch erstaunt fest, dass sich diese *Der-Schmerz-mein-Freund-Theorie* fast mantraartig wiederholt, sei es im Zusammenhang mit akuten, chronischen oder psychischen Schmerzen. Zweifellos zwingt mich der Schmerz, mich mit mir auseinanderzusetzen. Er erschüttert mein Leben in den Grundfesten. Lässt mich vieles hinterfragen. Doch macht ihn das zu meinem Freund? Und er verändert mich. Fragt sich bloß, ob zum Guten oder zum Schlechten. Schon seit Beginn der Misere hat die Erfahrung von Schmerz etwas ganz grundlegend in mir verändert: Ich bin sehr viel barmherziger geworden mit Menschen, die leiden. Solange man nicht am eigenen Körper anhaltenden Schmerz erlebt, ist es leicht zu sagen: »Der sollte sich einfach zusammenreißen« oder »Soll sie mal nicht übertreiben, so schlimm wird das bestimmt nicht sein«. Dass ich barmherziger wurde, halte ich für etwas Gutes. Könnte ein Feind Gutes in mir bewirken?

Mein Zug hat den Zielort erreicht. Ich nehme meine Büchertasche und steige aus. Gemeinsam mit meinem unsichtbaren Begleiter.

Psalm 61,4
Denn du bist für mich zu einer Zuflucht geworden, zum starken Turm, der mich schützt vor dem Feind.

Hoffnungsschimmer:

Zurzeit bin ich nicht in der Lage, meinen Schmerz als Freund anzunehmen. Aber ich will ihn auch nicht aktiv bekämpfen. Trotz meines Widerwillens, diesen ungebetenen Gast in meinem Leben zu haben, will ich mich dem Gedanken öffnen, dass die Erfahrung von Schmerz auch Gutes in mir bewirken kann. Himmlischer Vater, bitte hilf mir dabei! Lass mich Zuflucht finden bei Dir.

6. SELBST ERNANNTE EXPERTEN

Seit ich Schmerzpatientin bin, stelle ich erstaunt fest, dass ich von Experten umgeben bin. Zu einer besonderen Spezies gehören die *selbst ernannten* Experten. Sie wissen alles besser, haben den Durchblick und kennen einfache Lösungen für jedes noch so komplexe Problem. Was vermutlich als Akt christlicher Nächstenliebe oder so ähnlich gedacht ist, wirkt auf Betroffene schnell lieblos und überheblich. Ungefragte Ratschläge von Menschen zu erhalten, die sich nicht einmal die Mühe machen, mehr über die Situation der Betroffenen herauszufinden, irritiert. Als ob man nicht schon von Pontius zu Pilatus gegangen wäre auf der Suche nach Hilfe. Als ob man nicht schon unzählige Dinge ausprobiert hätte. Sie verhalten sich so, als ob es einen Weg gäbe, auf Knopfdruck alle Probleme zu lösen, und man schlicht unfähig wäre, den richtigen Knopf zu finden. Und all die Gebete, die Menschen schon für mich gebetet haben, in der festen Überzeugung, dass ich nachher geheilt bin – ich kann sie gar nicht mehr zählen. (Was übrigens nichts daran ändert, dass ich weiter an die Kraft des Gebets und die Möglichkeit von Heilung glaube.)

Mittlerweile weiß ich: Mindestens jedes zweite Mal, wenn ich öffentlich etwas zu meiner Schmerzsituation sage, erhalte ich nachher irgendwelche Zuschriften mit Lösungsansätzen. So auch heute. Einen Tag, nachdem ich in einem Interview erwähnt habe, dass ich an chronischen Schmerzen leide. Die mir unbekannte E-Mail-Verfasserin beginnt mit den Worten, dass auch sie bis vor einem Jahr »mit diversen Wehwehchen und Zipperlein« gekämpft habe. Ganz offensichtlich bringt sie diese Aussage in direkten Zusammenhang mit meiner Situation. Doch dann sei sie von ihrer Ärztin mit einer natürlichen Hormonersatztherapie gerettet worden. Wie durch ein Wunder seien ihre Schmerzen und Gebrechen in der Folgezeit nach und nach verschwunden. »Lies dich ein«, fordert sie mich auf, »es ist echt der Wahnsinn!« Und dann wünscht sie mir »eine gesegnete und heilende, gesundende Zeit«.

Mit den Jahren wurde die Liste von Lösungsansätzen immer länger. Angefangen bei der einzig richtigen Matratze über die richtigen Nahrungsergänzungsmittel oder die richtige Hormonersatztherapie, wie in der erwähnten E-Mail, bis hin zur korrekten mentalen Technik oder einem Trainingsgerät, das Wunder wirkt. Von der Fülle frommer Ratschläge ganz zu schweigen. All dies macht müde und schweigsam. Wäre es nicht besser, wenn ich gar nicht mehr darüber sprechen würde, damit ich meine begrenzte Energie nicht auch noch für die Auseinandersetzung mit solchen Zuschriften verschwenden muss? Einige erwarten hartnäckig eine Reaktion von mir und lassen nicht locker bei dem Versuch, mir ein bestimmtes Produkt aufzudrängen, das ihrer Meinung nach die Lösung für all meine Probleme ist. Selbstverständlich geht es nicht darum, kategorisch alle Ratschläge in den Wind zu schlagen. Es könnte ja durchaus auch mal ein wertvoller Hinweis dabei sein.

Es tut allerdings weh, wenn sich Menschen ungefragt einmischen und mir indirekt vermitteln, bis jetzt falsch gehandelt zu haben, ohne dass sie an meiner Seite der Geschichte oder näheren Informationen interessiert sind. So wie einige Zeit nach meiner Operation, als eine junge Frau aus unserer Kirche mit Nachdruck auf eine Aussprache mit mir bestand. Ich hatte keine Ahnung, was sie von mir wollte. Da ich noch nicht sitzen konnte, machten wir einen kurzen Spaziergang. Rund um die OP-Zeit hatte mein Mann einen Gebetschat eingerichtet und ziemlich spontan viele Menschen hinzugefügt. In der Aussprache warf mir die junge Frau vor, dass unser Verhalten absolut übertrieben gewesen sei. Man hätte meinen können, es handle sich um einen Weltuntergang und ich liege im Sterben, so dramatisch seien die Nachrichten gewesen. (Ich hatte keine einzige Nachricht verfasst und den Chat nur am

Rande verfolgt.) Als sie ihrem Ärger Luft gemacht hatte, war das Gespräch dann auch schon zu Ende. Sie kam nicht einmal auf die Idee zu fragen, wie es mir denn mittlerweile gehe. Dass ich innerlich am Abgrund stand und weder ein noch aus wusste mit meinen Schmerzen, war ihr völlig egal. Hauptsache, sie hatte ihr Anliegen platzieren können. Ich war zu erschöpft, um ihr zu widersprechen oder mit ihr zu diskutieren. Also ließ ich es über mich ergehen, verabschiedete mich und ging nach Hause. Weinend bat ich meinen Mann, den Gebetschat umgehend aufzulösen.

Sprüche 12,18 (GNB)
Die Worte mancher Leute
sind wie Messerstiche;
die Worte weiser Menschen bringen Heilung.

Hoffnungsschimmer:

Schmerzlich genug, wenn der Körper und die Seele wehtun. Schier unerträglich, wenn mir Menschen weitere (unnötige) Schmerzen aufbürden, indem sie mich mit unbedachten Worten verletzen. Jesus Christus, hilf mir, mich mutig abzugrenzen und für mich einzustehen, wenn es erforderlich ist. Auch den Mut zu finden, ehrlich zurückzumelden, wenn jemand eine Grenze überschritten hat. Hilf mir, verletzende Worte bei Dir loszulassen und empfänglich zu sein für Worte, die mich aufbauen. Wenn nicht von Menschen, dann jederzeit von Dir.

7. SOMMERREGEN

Gott sei Dank, es regnet! Erschöpft kuschle ich mich nochmals in meine Bettdecke und lausche dem Prasseln des Regens. Wie gut, dass mein Mann eines der Fenster gekippt ließ, als er frühmorgens zur Arbeit ging. Ich mag das Geräusch der Regentropfen an der Fensterschreibe und den einzigartigen Duft des Sommerregens. Neulich las ich, dass der Sommerregen sogar einen eigenen Namen hat: *Petrichor*. Zusammengesetzt aus griechisch *pétros* (Stein) und *īchṓr*, das eine Flüssigkeit bezeichnet, die der griechischen Mythologie zufolge in den Adern der Götter fließt.

Ich liebe düstere und stürmische Regentage, weil sie in Einklang mit meiner psychischen Verfassung stehen. Der Himmel weint und ich mit ihm. Eine wohltuend-schmerzliche Symbiose. Strahlende Sommertage mit stahlblauem Himmel stehen in fast unerträglichem Kontrast zu meinem aufgewühlten Gemüt. Zudem steht die unausgesprochene Erwartung im Raum, dass man nach draußen gehen soll, um das herrliche Sommerwetter zu genießen. Dinge, die mich überfordern. Ich fühle mich noch nicht in der Lage, Menschen zu begegnen oder das fröhlich-laute Sommertreiben zu ertragen.

Wie Tränen rinnt der Regen an den Fensterscheiben hinunter. Als Ventil für aufgestaute, undefinierbare und belastende Emotionen haben Tränen eine reinigende, heilsame und entlastende Wirkung. Was für ein Geschenk, dass ich wieder weinen kann. Vor noch nicht allzu langer Zeit versiegten sogar meine Tränen, weil die Dunkelheit und der Schmerz in mir alles betäubten. Zurück blieben eine Leere und Gleichgültigkeit, die vor allem für mein Umfeld zur Belastung wurden. Meine Tochter, die Direktheit in Person, formulierte es so: »Du bist wie ein Geist, der zwar körperlich anwesend ist, aber eigentlich gar nicht mehr hier sein möchte.« Ihre Worte waren ein Schock. Ich hatte keine Ahnung, dass sie das so wahrnimmt. Und dass ich mich ihrer Meinung nach einfach gehen ließ. Völlig naiv lebte ich im Glauben, dass ich mich genügend zusammenriss, damit meine Familie nicht zu viel von meinen inneren Kämpfen mitbekam. Welche Illusion! Offensichtlich war meiner Selbstwahrnehmung nicht mehr zu trauen. Wenn ich daran zurückdenke, wird mein Herz schwer.

Zu meiner eigenen Last gesellte sich in den vergangenen Schmerzjahren in dunklen Phasen eine andere unerträgliche Last: erdrückende Schuldgefühle meiner Familie gegenüber und quälende Selbstvorwürfe. Dazu die fatale Schlussfolgerung, dass es allen besser gehen würde, wenn sie mich als Last los wären. Eine verhängnisvolle Gratwanderung hin zu einem unheilvollen Abgrund, der mich zu verschlingen drohte. Ich seufze. Wie gut, dass ich heute nicht an diesem Abgrund stehe.

Während der Regen draußen von entferntem Donnergrollen untermalt wird, grüble ich über das Wort »Betroffene« nach. Diagnostisch gesehen gelte nur ich als Betroffene. Betroffen von einer chronischen Schmerzerkrankung mit psychischen und somatischen Faktoren. Doch in Wahrheit ist auch mein Ehemann betroffen. Sind unsere Kinder betroffen. Ist unsere Ehe, ja unser ganzes Familienleben betroffen, das in den Anfängen meiner Schmerzerkrankung regelrecht aus den Fugen geriet. Mein Totalausfall, heillose Überforderung in vielerlei Hinsicht, angespannte Nerven, Zukunftsängste, Missverständnisse, Frustration über die Situation, parallel dazu die Midlife-Crisis meines Mannes, all dies führte dazu, dass unsere Ehe an einem seidenen Faden hing. Eine vielschichtige Betroffenheit im wahrsten Sinne. Wobei im Wort »Betroffenheit« auch Offenheit enthalten ist. Und genau dies wünsche ich mir: dass mein betroffenes Herz offen dafür bleibt, weiter zu hoffen und an eine gute Fortsetzung meiner Schmerzgeschichte zu glauben.

Ein Lichtstrahl durchbricht die apokalyptische Szenerie vor meinem Fenster. Unter Schmerzen stehe ich auf und schaue hinaus. In einem Winkel, der vom Bett aus nicht zu sehen war, sehe ich ihn: einen wundervollen doppelten Regenbogen. Mein Herz schlägt schneller. Ich umarme diesen kostbaren Augenblick. Voller Schönheit, Hoffnung und Gnade.

Offenbarung 21,4a
Er wird alle ihre Tränen abwischen.
Es wird keinen Tod mehr geben,
kein Leid und keine Schmerzen.

Hoffnungsschimmer:

Herr, lass mich nicht im Regen stehen. Hilf mir, dass ich offen bleibe für Schönheit, Versöhnung, Heilung, Wunder, Gnade – für Dich! Lass diese Offenheit in meinem Herzen heranreifen, wie der Regen in der Natur dazu beiträgt, dass Wachstum geschieht und eines Tages Frucht entsteht. Schenk mir einen Regenbogen, der mich an deine Versprechen erinnert, die weit über das Irdische hinausreichen und in der Ewigkeit zu Hause sind.

8. »DU SIEHST GUT AUS!«

Lächelnd sagte er: »Du siehst gut aus!« Dabei klopfte er mir ermutigend auf die Schulter. Unter anderen Umständen hätte ich mich vielleicht über diese freundschaftliche Geste und das nette Kompliment im Eingangsbereich unserer Gemeinderäumlichkeiten gefreut. Nicht aber in diesem Moment. Nach dem Gottesdienst war er auf mich zugekommen, hatte seiner Freude Ausdruck gegeben, dass man mich wieder einmal sieht, und gefragt: »Wie geht es dir?« Eine Frage, vor der mein Respekt in den vergangenen Jahren kontinuierlich gewachsen ist. Das gilt auch, wenn *ich* diejenige bin, die diese Frage stellt. Als Gefragte bin ich jeweils unsicher, ob mein Gegenüber tatsächlich an einer Antwort interessiert oder ob die Frage rein rhetorischer Natur ist. Besteht eine Tendenz zu Ersterem, heißt es abzuwägen, wie viel ich meinem Gegenüber anvertrauen oder auch zumuten will. Es ist ein Dilemma. Ich weiß um die Notwendigkeit, mich anderen mitzuteilen, wenn ich ihnen die Chance geben will, meine Last mitzutragen, aber andererseits wird meine Last umso schwerer, wenn ich genau dies versuche und mein Gegenüber leichtfertig darüber hinweggeht. Heute Morgen habe ich es gewagt, mich verletzlich zu machen. Ein großer Schritt für mich als stark Introvertierte, der es schwerfällt, Auskunft über das eigene Befinden zu geben. Da fällt es mir wesentlich leichter, eine stoische Gelassenheit vorzugaukeln, während in meinem Inneren alles drunter und drüber geht. »Es geht mir gar nicht gut«, lautete meine ehrliche Antwort (in meiner Sprache schon fast ein Alarmsignal!), verbunden mit der stillen Hoffnung, dass mein Gegenüber darauf eingeht und ich im besten Fall sogar etwas ermutigt werde. Doch mit dem Schulterklopfen und der Aussage »Du siehst gut aus!« ist unser Dialog bereits erschöpft. Und damit auch mein Bedürfnis, mit anderen ins Gespräch zu kommen. Daher schleiche ich mich über einen Hinterausgang davon und gehe auf direktem Weg nach Hause.

Zweifelsfrei meinte es mein Gegenüber nur gut mit mir. Es war ein Versuch, mich aufzumuntern. So wie andere vor ihm mit Aussagen wie: »Du siehst aber gar nicht krank aus!« – »Also, wenn du nichts gesagt hättest, wäre ich nie auf die Idee gekommen, dass du krank bist!«. Ich versuche zu ergründen, was mich an solchen Aussagen stört und verletzt. Wie sieht »krank« eigentlich aus? Hat Krankheit nicht zahlreiche Gesichter? Fühle ich mich womöglich angegriffen, weil zwischen den Zeilen mitschwingt: »Wenn man es dir nicht ansieht, kann es bestimmt nicht so schlimm sein«? Schließlich bin ich ja nicht sterbenskrank. Oder ist es die Diskrepanz zwischen dem, was ich fühle, und dem, was mir mein Gegenüber spiegelt? Ich leide, aber mein Gegenüber versucht mich damit zu trösten, dass man mir nichts davon anmerkt und ich trotz allem gut aussehe. Doch in Wahrheit tröstet mich dies nicht. Wäre es manchmal nicht sogar leichter, wenn innere Beschwerden nach außen hin sichtbarer würden? Bevor mein Gesprächspartner an jenem Morgen zu mir kam, unterhielt er sich mit einem jungen Mann, der wegen einer Beinverletzung krankgeschrieben war. Er erkundigte sich eingehend nach seinem Ergehen und fragte, ob er ihn in den kommenden Tagen praktisch unterstützen könne. Es liegt in der Natur des Menschen, dass unsichtbare Beschwerden nicht auf dieselbe Weise wahr- und ernst genommen werden wie sichtbare Beschwerden. Nur weil man etwas nicht sehen kann, ist es jedoch nicht weniger real. Eine tragische Ausnahme bilden sichtbare Einschränkungen, an die man sich gewöhnt hat (z. B. Menschen im Rollstuhl), welche eine weitere Dimension von Einsamkeit nach sich ziehen.

Andererseits weiß ich auch um die Schwierigkeit, mit Betroffenen im Gespräch zu bleiben. Vor allem, wenn sie sich in einem Dauer-Ausnahmezustand mit unbekanntem Endpunkt befinden. In den Wochen nach meiner Operation wurde ich oft gefragt: »Geht es dir besser?« Nachdem ich Woche um Woche verneinte, verstummten die Fragen. Zurück blieb eine wortlose Hilflosigkeit, die ich zwar nachvollziehen konnte, die aber gleichzeitig das schmerzliche Gefühl der Einsamkeit verstärkte.

Genau dieses Gefühl empfinde ich auch jetzt. Während ich darauf warte, dass der Rest der Familie vom Gottesdienst zurückkehrt. Wohl wissend, dass auch sie nichts an diesem Gefühl ändern können.

Psalm 102,8
Nachts finde ich keinen Schlaf,
ich bin wie ein einsamer Vogel auf dem Dach.

Lukas 12,6 (HFA)
Welchen Wert hat schon ein Spatz? [...]
Und doch vergisst Gott keinen Einzigen von ihnen.

Hoffnungsschimmer:

Herr, wenn ich mich das nächste Mal unverstanden, missverstanden, übergangen, sorgenvoll und einsam fühle wie ein hilfloser kleiner Vogel – kaum überlebensfähig, wehrlos allem ausgesetzt –, will ich mich daran erinnern, dass Du sogar die kleinen einsamen Spatzen vor meinem Fenster im Blick hast und keinen Einzigen von ihnen vergisst.

9. ANGSTERFÜLLT

ich friere
einsames dunkel lässt mich zittern

ich ertrinke
im blauen ozean der gefühle
erdrückende stille betäubt mich

ich weine
glühende tränen ersticken mein herz

ich zerspringe
wie glas unter unsäglicher spannung
in tausend Stücke

ich schweige
unaussprechliches kennt keine worte

ich leide
meine welt zieht achtlos weiter
unter menschen bin ich mutterseelenallein

ich falle
tiefste nacht ergreift mich

ich irre
haltlos in der dunkelheit umher
panische angst raubt mir den atem

ich flehe
du hast versprochen für mich da zu sein

bitte – komm mir entgegen
umarme mich im tal der einsamkeit
damit ich heil werde[8]

Johannes 16,33b (LUT)
In der Welt habt ihr Angst;
aber seid getrost, ich habe die
Welt überwunden.

Hoffnungsschimmer:

Mein Herz ist angsterfüllt. Was, wenn meine Schmerzen bleiben? Oder noch schlimmer werden? Was, wenn ich daran zerbreche? Meine Ehe daran zerbricht? Meine Familie daran zerbricht? »In der Welt habt ihr Angst.« Eine gnädige Feststellung. Angst gehört zum Menschsein dazu. Doch sie soll nicht länger mein Fixpunkt sein. Jesus, Du mächtiger Weltüberwinder, ich will Dich als neuen Fixpunkt wählen! Mit meinen Ängsten will ich Dich nicht kleinhalten, sondern Dir zutrauen, dass Du mächtiger bist als alles.

---

8 Text: Debora Sommer. Dieses Gedicht findet sich auch im Kunstband: Olsen, Jørn Henrik & Sommer, Debora, 2015. *longing – sehnsucht – længsel*. Gilleleje: VNP, S. 37-41. Dort trägt das Gedicht den Titel »Einsamkeit«.

10. VERSUCHSKANINCHEN

Wieder einmal sitze ich im Wartezimmer des Schmerzzentrums im Inselspital Bern. Heute gemeinsam mit einer adretten älteren Dame und einem angespannten Mittzwanziger. Ich bin etwas zu früh und es dauert noch eine Weile bis zu meinem Termin. Die Dame stellt sich als Iris vor. Sie ist eine gut situierte Stadtbernerin, die zu Hause rund um die Uhr ihren schwer kranken Gatten pflegt. Arzttermine sind eine Abwechslung von ihrem harten Alltag und sie freut sich sichtlich, mit Menschen ins Gespräch zu kommen. Tim entpuppt sich als Sportstudent, der sein Studium vor einigen Monaten wegen unerträglicher Rückenschmerzen unterbrechen musste. Faszinierend, wie schnell der Schmerz eine Verbindung zwischen uns herstellt, obwohl wir fünf Minuten vorher noch Fremde waren. Im Gespräch stellt sich heraus, dass Tim und mich heute genau dieselbe diagnostische Abklärung erwartet. Nervös geht er im Wartezimmer auf und ab. Angespannt hoffnungsvoll, dass die Facetteninfiltration[9] einen Weg aus seinem Schmerzdilemma weisen und eine baldige Wiederaufnahme des Studiums möglich machen wird. Ich wünsche es ihm von Herzen. Ein winziger Hauch von Hoffnung regt sich in mir. Gleichzeitig habe ich große Angst davor, ein weiteres Mal enttäuscht zu werden. So vieles habe ich in den vergangenen Monaten versucht und über mich

9 Bei der Facetteninfiltration wird unter Röntgen- oder CT-Kontrolle eine kleine Menge eines entzündungshemmenden und schmerzlindernden Medikamentes gezielt an die kleinen Gelenknerven (= Facettengelenke) im schmerzhaften Bereich der Wirbelsäule verabreicht. Im Rahmen eines Ausschlussverfahrens kann mittels einer diagnostischen Testinfiltration abgeklärt werden, ob die Blockierung der Facettengelenke eine Schmerzlinderung zur Folge hat oder nicht.

ergehen lassen: verschiedene Medikamente, diverse diagnostische Tests, Physiotherapie, Osteopathie, Gesprächs- und andere Therapien, Bewegung, natürliche Behandlungsansätze und vieles mehr. Mit jedem erfolglosen Versuch wurde das zarte Pflänzchen der Hoffnung kleiner. Darüber hinaus haben wir von Herzen geglaubt, dass Gott eingreifen und mich heilen wird. Unzählige haben für mich gebetet. Doch die Schmerzen sind immer noch da.

Tim wird von einem Arzt abgeholt. Unsere guten Wünsche begleiten ihn. Iris erzählt mir, dass sie seit etwa drei Jahren an schier unerträglichen Schmerzen im Nackenbereich leidet. Bisherige Abklärungen haben keinen Aufschluss über die Ursache gebracht. Heute stehen zwei weitere Untersuchungen an. Ich stelle mir vor, wie schrecklich es sein muss, an undefinierbaren Schmerzen zu leiden und keine Ahnung zu haben, wo sie herkommen, und erst recht nicht, wie man dagegen angehen kann. Auch bei mir sind Fragen offen, aber es gibt doch weit mehr Anhaltspunkte als bei Iris. Mein Herz ist voller Mitgefühl und Bewunderung für diese beeindruckend starke und tapfere Frau, die einerseits ihren sterbenden Ehemann pflegt, andererseits selbst große Schmerzen hat und trotzdem in der Lage ist, Dankbarkeit und Güte auszustrahlen. Nun wird auch Iris abgeholt und ich bleibe allein zurück. Ich schaue mich im Wartezimmer um und frage mich, wie viele Schicksale dieser Raum schon beherbergt hat. Mein Blick bleibt an den leeren Stühlen hängen. Könnte all der unsichtbare und sichtbare Schmerz derer, die hier warten, in Gewicht umgewandelt werden, wären die Stühle mit Sicherheit längst unter dieser Last zusammengebrochen.

Freudestrahlend kehrt Tim ins Wartezimmer zurück. Sein Gesicht spricht Bände. Die Testinfiltration war positiv und seine Schmerzen sind vorübergehend besser. Ich freue mich mit ihm. Während ich ins Behandlungszimmer geführt werde, schlägt mein Herz höher. Wird es auch bei mir so sein? Da ist er wieder, der Hauch von Hoffnung.

Vierzig Minuten später bin ich zurück im Wartezimmer. Mit neuen Fremden. Gut, dass niemand spricht. Ich muss noch einige

Minuten warten, bis feststeht, dass mein Körper die Behandlung gut überstanden hat und ich offiziell entlassen werde. Anders als bei Tim war die Facettengelenksabklärung bei mir negativ. Das heißt, es hat schmerzmäßig nicht den kleinsten Unterschied ausgemacht. Das Problem liegt bei mir also anderswo. Wo auch immer. Die Hoffnung ist ausgehaucht. Es tut so weh. Und ich bin müde. Ich bin es leid, Versuchskaninchen zu sein. Dies und jenes zu versuchen, um immer wieder neu enttäuscht zu werden. Mit jedem erfolglosen Versuch wiegen die Müdigkeit, die Enttäuschung und der Schmerz schwerer.

Matthäus 11,28 (HFA)
Kommt alle her zu mir,
die ihr euch abmüht
und unter eurer Last leidet!
Ich werde euch Ruhe geben.

Hoffnungsschimmer:

Ich bin in einer Sackgasse gelandet. So oft habe ich guten Willen gezeigt und mich neu aufgerafft, aber der Weg geht einfach nicht weiter. Es scheint alles vergeblich. Nun sind meine Kräfte erschöpft und ich mag nicht mehr. Jesus Christus, Du lädst Geplagte und Belastete ein, zu Dir zu kommen, und versprichst, ihnen Ruhe zu schenken. Hier bin ich.

11. DIE GROSSE VERSUCHUNG

Nach einem kurzen Spaziergang am See sitze ich in meinem Lieblingsrestaurant und trinke einen Kaffee. Was nach einem idyllischen Spätnachmittagsprogramm klingt, ist in Wirklichkeit Flucht vor dem Schmerz und vor mir selbst. *Ablenkung* lautet das Zauberwort der Schmerzbewältigung. Nach mehreren Jahren mit chronischen Schmerzen weiß ich, dass dies durchaus seine Bedeutung hat. Oft muss ich mich richtiggehend zwingen, mich vom Schmerz abzulenken und meinen Gedanken eine andere Richtung zu geben. So auch heute. Ich liebe diesen See, etwa zwanzig Fahrminuten von unserem Wohnort entfernt. Wiederholt habe ich hier Zuflucht gefunden, wenn ich innerlich aufgewühlt war oder nicht weiterwusste. Dazusitzen, dem Geräusch des Wassers zu lauschen, die glitzernden Lichtreflexe und Tiere aller Art zu beobachten, die Herbstfarben der Laubbäume in mich aufzunehmen, wirkt heilsam.

Zu Beginn der Schmerzzeit ging ich davon aus, dass der Kampf gegen die Schmerzen meine größte Herausforderung sein würde. Die Anfänge waren schlimm. Einige Wochen nach der Operation hieß es, dass ich die morphinhaltigen Medikamente nun endlich reduzieren müsse und es längst möglich sein sollte, längere Zeit am Stück zu sitzen. Zehn Minuten hielt ich es auf dem Bürostuhl aus, bevor ich mich vor Schmerzen übergeben musste. Eine Reduktion der Schmerzmittel schien unmöglich. Die ersten Monate konnte ich keine Stunde am Stück sitzen. Nie zuvor war mir aufgefallen, wie viel wir im Alltag sitzen. Was für ein Privileg, dass ich heute wieder eine Autofahrt dieser Länge meistern und obendrein sitzend einen Kaffee genießen kann. Dinge, die ich umso mehr schätze, seit sie mir für eine längere Zeit genommen wurden.

Damals ahnte ich noch nicht, dass nicht der Kampf gegen die

Schmerzen meine größte Herausforderung sein würde, sondern vielmehr der Kampf gegen die Versuchung aufzugeben. Selbst bei allem Schönen und Guten in meinem Leben, das ich mir immer wieder entschlossen vor Augen halte, ist diese Versuchung unerbittlich real. Der Schmerz ist ein unbarmherziger Tyrann, der gnadenlos demontiert, was von mir übrig ist.

So gerate ich auf meiner Wanderung durch das dunkle Tal immer wieder ins Straucheln. Die Müdigkeit wird so übermächtig, dass ich mich ihr hingeben und liegen bleiben möchte. Theoretisch sehe ich drei Optionen: 1. davonlaufen 2. liegen bleiben oder 3. weiterkämpfen. Die erste Option ist nicht realisierbar, weil es kein Zurück gibt und ich mich im dunklen Tal beim Davonlaufen letztlich nur im Kreis drehe. Die zweite Option bedeutet aufzugeben. Das ist die große Versuchung. Mich aufzugeben. Die Hoffnung aufzugeben. Den Glauben an Gott aufzugeben. Wo ist Gott überhaupt? Wieso greift er nicht ein? Wieso lässt er mich im dunklen Tal allein? Ich verstehe es nicht.

Wenn es eine Zukunft geben soll, bleibt nur Option drei: weiterkämpfen. In die Dunkelheit und den Schmerz hineintreten. Mich diesem bedrohlichen dunklen Tal mutig stellen. Um vielleicht eines Tages einen Ausgang zu finden. Oder eine sonstige gnädige Weiterentwicklung meines Weges. Es bedeutet, dass ich mich dem stelle, was ist. Dass ich tapfer hinabsteige in die Abgründe meiner Seele und ihre Verletzungen, Enttäuschungen und Überforderung ernst nehme. Dass ich meinen Schmerz nicht mit aller Kraft ablehne, sondern mich ihm zuwende und ihm Aufmerksamkeit schenke. Es ist ein Trauerprozess und Läuterungsprozess zugleich. So vieles muss ich im dunklen Tal loslassen. Meine Vorstellungen vom idealen Leben. Meinen Stolz, Hilfe anzunehmen. Mein Leistungsdenken. Mein verzerrtes Gottesbild. Überhöhte Erwartungen an Menschen. Ich spüre, dass es nur diesen einen Weg gibt, wenn ich nicht vom Dunkel verschlungen werden will. Je mehr ich vor meiner eigenen Dunkelheit fliehen will, desto näher rückt sie. Je mehr ich sie im Verborgenen gewähren lasse, desto mächtiger wird sie.

Es wird kühl. Die Abenddämmerung setzt ein. Ein letzter Sonnenstrahl gleitet über das Wasser, bevor sich die Sonne am Horizont für die Nacht verabschiedet. Während ich auf dem Rückweg in die zunehmende Dunkelheit hineinfahre, berührt mich der Gedanke, dass in diesem Moment auf der anderen Seite der Erdkugel ein neuer Tag anbricht.

Psalm 139,9-10

Hätte ich Flügel und könnte mich wie die Morgenröte niederlassen am äußersten Ende des Meeres, so würde auch dort deine Hand mich leiten, ja, deine rechte Hand würde mich halten!

Hoffnungsschimmer:

Manchmal bricht die Dunkelheit so übermächtig über mich herein, dass ich weder an eine Fortsetzung meiner Lebenswanderung noch an einen neuen Morgen glauben kann. Jesus Christus, hilf mir, den Glauben nicht aufzugeben, dass Du da bist. Mitten in meiner Dunkelheit und Erschöpfung. Dass Deine starke Hand rettend eingreift, wenn ich mich verrenne, verirre oder aufgeben will. Bitte, halte mich fest, damit ich die Kraft finde weiterzugehen.

12. HUHN ODER EI: WAS WAR ZUERST DA?

Vorsichtig jongliere ich das Eigelb zwischen zwei Eierschalenhälften hin und her, bis es säuberlich getrennt in einer Schalenhälfte zurückbleibt. Das Eiweiß ist in der Zwischenzeit in einer Schüssel gelandet, wo es demnächst zu Eischnee geschlagen wird. Seit einer gefühlten Ewigkeit haben wir heute Abend wieder einmal Gäste. Zur Feier des Tages bereite ich einen Nachtisch vor. Etwas, das ich viel zu selten mache. Meine Familie ist in kulinarischer Hinsicht alles andere als verwöhnt von mir. Oft habe ich Gewissensbisse deswegen. Sie hätten so viel mehr verdient, als ich in der Lage bin, ihnen zu geben. Während ich das Eiweiß steif schlage, verlagere ich mein Gewicht von einem Bein aufs andere und versuche mein Möglichstes, den brennenden Schmerzen im unteren Rückenbereich durch Dehnungen im Hüftbereich entgegenzuwirken. Seit einigen Wochen sind die Schmerzen deutlich stärker und ich habe keine Ahnung wieso. Parallel dazu befinde ich mich auch psychisch in einer angespannten und dunklen Phase. Sind die Schmerzen etwa stärker, weil es mir – aus welchen Gründen auch immer – psychisch schlechter geht? Oder geht es mir psychisch schlechter, weil die Schmerzen – aus welchen Gründen auch immer – zurzeit stärker sind?

Mein Blick fällt auf die zerbrochenen Eierschalen vor mir. Was zuvor mit potenziellem Leben gefüllt war, liegt nun leer, verletzlich und ausgedient da. Die zerbrochenen Eierschalen lassen meine Gedanken wandern – von Alltagsbanalitäten über Gott-und-die-Welt-Fragen hin zum Henne-Ei-Problem. Was war zuerst da? Das Huhn oder das Ei? Auf mich übertragen: Was war zuerst da?

Die Zunahme der chronischen oder aber der psychischen Schmerzen? Hat sich die Verstärkung der körperlichen Schmerzen negativ auf meine Psyche ausgewirkt oder hatte die Intensivierung von seelischen Schmerzen eine Verstärkung meiner körperlichen Schmerzen zur Folge? Antworten hierauf schweben genauso hypothetisch und unbefriedigend im Raum wie bei der Frage nach dem Huhn und dem Ei. Ich fühle mich gefangen in einem nicht enden wollenden Teufelskreis von Psyche und *Soma,* griechisch für »Körper«. Ein Dilemma psycho-somatischer Natur also. Wie kann dieser Teufelskreis durchbrochen werden? Ist dies überhaupt möglich? Muss ich mich zuerst um meine Psyche kümmern, damit die körperlichen Schmerzen weniger werden, oder muss ich mich um meine körperlichen Schmerzen kümmern, damit es meiner Psyche besser geht? Und wie genau soll ich mich kümmern? Ist eine Anpassung der Medikamente notwendig – sei es der Antidepressiva oder der Medikamente gegen die Nervenschmerzen? Hatte ich zu viel Stress in letzter Zeit – terminlich oder emotional? Gibt es Dinge, die mich aktuell stark belasten? Muss ich mich radikal abgrenzen und Termine absagen, weil ich mehr Ruhe und Entspannung brauche? Kann ich mit körperlichem Training oder Ernährung dazu beitragen, dass es besser wird? Brauche ich einen Termin beim Physiotherapeuten oder bei meiner Osteopathin, weil die Schonhaltung, die ich jeweils bei starken Schmerzen ganz unbewusst einnehme, zu muskulären Blockaden und Verspannungen geführt hat, was die Schmerzproblematik verschärft? Liegt es an meinen schlechten Nächten? Oder am Wetterwechsel, der sich seit einigen Tagen ankündigt? Spielt meine Hochsensibilität mit rein, die mich alles viel intensiver wahrnehmen lässt – physisch und psychisch? Ist das Ganze vielmehr eine gedankliche oder geistliche Herausforderung? Nimmt der Schmerz momentan mehr Raum in meinen Gedanken ein, als ich ihm zugestehen sollte? Wären Ablenkung und mehr Programm der Schlüssel zur Verbesserung? Falls ja, woher soll ich die Kraft dazu hernehmen? Ich schaffe gerade mal Alltägliches mit Müh und Not. Fragen über Fragen. Und keine Antworten. Ich stelle den fertigen Nachtisch in den Kühlschrank. Bevor ich meiner Familie ein einfaches Mittagessen mache, brauche ich dringend eine Pause. Erschöpft lege ich mich auf unser Sofa im Wohnzimmer und wünsche mich weit weg – an einen Ort der Schönheit, des Friedens, der Kraft und Fülle.

Psalm 31,10 (NLB)
Sei mir gnädig, HERR, denn ich bin verzweifelt!
Mein Blick ist getrübt vor Tränen.
Mein Leib ist kraftlos, meine Seele ist leer.

Hoffnungsschimmer:

Manchmal fühle ich mich wie ein rohes Ei. Zu verletzlich und zerbrechlich für diese Welt. Ausgehöhlt und ausgedient. Erschöpft an Körper und Seele. Ohne Antworten und Orientierung. Himmlischer Vater, überlass mich nicht den Händen von Menschen, die zerstörerisch mit mir umgehen. Nimm Du selbst mich behutsam in Deine Hände und schütze, was von mir übrig ist. Füge göttliche Zutaten der Wiederherstellung hinzu, damit unter göttlich-fachmännischer Aufsicht mitten in meiner Gebrochenheit Neues entstehen darf.

13. DER SCHWARZE HUND

Die Anspannung ist mit Händen zu greifen. Hilfe suchend blicke ich im Raum umher, als ob aus einer sterilen Ecke die Erleuchtung käme und ich wüsste, was ich der Ärztin antworten soll. Sie wartet geduldig, während ich gegen den Geruch von Desinfektionsmitteln und das Gefühlschaos in meinem Inneren ankämpfe. Statt dass ich in der Schmerzklinik im Inselspital wie erhofft eine schnelle Lösung für meine Schmerzproblematik gefunden habe, sehe ich mich in einer Deutlichkeit und Dringlichkeit mit meinem Istzustand konfrontiert, den ich so nicht akzeptieren will. Erschöpfungsdepression. Wie ein unheilschwangeres Damoklesschwert schwebt dieses Wort über mir und droht mich zu vernichten. Ja, die vergangenen Wochen und Monate waren in der Tat dunkel und trostlos. Offen gestand ich der Ärztin auch suizidale Gedanken ein. Nicht weil mir mein Umfeld nicht wichtig wäre. Ganz im Gegenteil! Gerade *weil* ich sie so schmerzlich liebe, möchte ich sie von der Last und dem Schatten befreien, der seit Anfang des Jahres meinetwegen über unserer Ehe und unserem Familienleben liegt. Ein dunkles, nicht enden wollendes Jahr lang. Zudem sind meine Kräfte erschöpft. Die Ärztin empfiehlt dringend eine stationäre Aufnahme und wartet geduldig auf meine Zustimmung. Nach langem Zögern steht mein Entschluss fest: *Nein, auf gar keinen Fall! Ich will nach Hause!* Ich schiebe irgendeine Begründung vor und weiß im gleichen Moment, dass es sich nicht um den wahren Grund handelt. Der wahre Grund dafür ist Scham. Bei einer stationären Aufnahme mit unbekanntem Ausgang würden andere Menschen unweigerlich davon erfahren. Im Moment ist mein Ehemann die einzige Person, die um meine wahre Verfassung weiß. Allen anderen gegenüber versuche ich, unter größter Anstrengung die Fassung zu wahren. Ich setze meine Maske auf und verhalte mich so, als ob ich das Leben im Griff hätte. Und ich spiele meine Rolle gut! Selbst enge Freunde und Familienmitglieder haben keine Ahnung. Nicht einmal unsere Kinder. Unser Familienleben ist gewissermaßen die Uraufführung dieses Schauspiels. Wie beschämend, wenn andere erfahren würden, wie es tatsächlich um mich steht. Dass ich an einem Tiefpunkt dieses Ausmaßes angelangt bin. Dass ich nicht souveräner mit meiner Schmerzsituation und meinen Gedanken umgehen kann. Dass selbst mein Glaube mich nicht vor dieser Situation retten konnte. Ich komme mir vor wie eine Versagerin.

Mit dem ehrlich gemeinten Versprechen, dass ich zu Hause auf mich achtgebe, die vereinbarte Dosierung Antidepressiva nehme und mir Ruhe und Schonung gönne, werde ich entlassen. Die Ärztin behält sich vor, die kommenden zwei Wochen täglich kurz mit meinem Ehemann zu telefonieren, um auf dem Laufenden zu bleiben und falls nötig zu intervenieren. Und genau dies tut sie – mit beeindruckender Hingabe und Freundlichkeit. Das berührt mich tief. Nach außen schotte ich mich ab mit der Begründung, dass ich krank sei. Das stimmt. Schließlich bin ich tatsächlich im Besitz einer Krankschreibung. Allerdings greift diese Art von »Krankheit« tiefer als eine einfache Grippe, die derzeit die Runde macht. Und doch finde ich das Bild der Grippe überaus treffend. Wenn mein Körper krank wird, ist sonnenklar, dass ich mich einige Tage schonen muss, bis ich wieder zu Kräften komme. Wieso sollte das bei einer »Seelengrippe« anders sein? Typisch für mich suche ich Zuflucht in der Literatur. Dabei stoße ich auf die Metapher des schwarzen Hundes. Winston Churchill machte den »Black Dog« populär als Sinnbild für depressive Episoden, die ihn sein Leben lang in Phasen einholten.[10]

---

10 Gemäß dem *Oxford English Dictionary* geht die Bezeichnung »Black Dog« (schwarzer Hund) als Metapher für Melancholie und Depression auf Dr. Samuel Johnson (1709–1784) zurück. Winston Churchill hat die Bezeichnung aufgegriffen und populär gemacht. Weitere Hintergründe zum »Black Dog« im Leben von Winston Churchill liefert der Artikel: Daniels AM, Vale JA.

Es tut mir gut, von anderen Menschen zu lesen, die ebenfalls solche dunklen Phasen durchlebten. Im Internet finde ich ein Video[11] und Literatur[12] zum Umgang mit dem schwarzen Hund. Es bestätigt mein wohl größtes Problem: dass ich mich für meinen schwarzen Hund schäme und ihn um jeden Preis vor meinen Mitmenschen verbergen will. Problematisch ist, dass der schwarze Hund wächst und immer größer wird und ich ihn immer schlechter verstecken kann. Und dass er momentan zu mir gehört und mir nicht von der Seite weicht, ob es mir gefällt oder nicht. Je größer er wird, desto reizbarer und verzweifelter werde ich. Das bekommen vor allem diejenigen zu spüren, die mir am nächsten stehen. Solange ein schwarzer Hund klein ist, es sich um eine leichte depressive Episode handelt, kann man ihn noch einfacher an eine Leine legen. Doch wenn es sich um eine anhaltende, schwere Depression handelt, wird der schwarze Hund mit der Zeit übermächtig. Ohne ein Wunder oder die Unterstützung von Fachpersonen ist er kaum noch zu bändigen. Wer selbst keinen schwarzen Hund besitzt, kann unmöglich wissen, was dies konkret bedeutet. Ich spüre eine Dankbarkeit für die Ärztin, die mich so feinfühlig unterstützt. Doch gleichzeitig ist da wieder dieses nagende Gefühl der Scham. Und dazu die Erkenntnis: Ich schäme mich sogar für meine Scham.

Did Sir Winston Churchill suffer from the ›black dog‹? *Journal of the Royal Society of Medicine,* 2018; 111(11): 394-406. Online unter: https://tinyurl.com/yz6556y7 [Stand: 10.10.2022].

11 Vgl. https://www.youtube.com/watch?v=1UiA32Qv4yE [Stand: 15.06.2022].

12 Johnstone, Matthew, 2019. *Mein schwarzer Hund: Wie ich meine Depression an die Leine legte*. München: Kunstmann.

Psalm 109,23a (HFA)
Mein Leben gleicht einem Schatten am Abend,
der bald in der Dunkelheit verschwindet.

Hoffnungsschimmer:

Allmächtiger Gott, der Du die Macht hast, wilde Ozeane zu bändigen, Wege durch Meere und Wüsten zu bahnen, Stürme zu stillen, Leben in der Wüste zu schaffen, Unmögliches zu vollbringen, den Tod zu überwinden und mit ihm alle Widerwärtigkeiten des Lebens: Erbarme Dich über mich und hilf mir, meinen schwarzen Hund zu bändigen. Ich bringe Dir meine Scham und bitte Dich um Klarheit und Mut, heilsame Schritte zu erkennen und zu wagen.

14. EINE SIMULANTIN?!

Nach einer langen Fahrt aus der Schweiz in Schwäbisch Gmünd angekommen, sitze ich erschöpft in meinem Zimmer. Morgen darf ich auf dem Schönblick an einem Frauentag vor 900 Frauen sprechen. Ich bin wahnsinnig angespannt und nervös. Eigentlich traue ich mir das gar nicht zu. Und doch erfüllt mich seit einigen Jahren die Gewissheit, dass dies Teil meines Auftrags ist. Demütig staune ich, welche Türen Gott in den vergangenen Jahren geöffnet und wie viel er möglich gemacht hat. Zusagen für Events sind jedes Mal ein Glaubensschritt. Nicht nur weil es mich als stark introvertierte Person viel Kraft kostet, mich an solchen Einsätzen der Öffentlichkeit zu stellen, sondern auch wegen meiner Schmerzsituation. Wie soll ich wissen, wie es mir in einigen Monaten oder erst recht in einem oder zwei Jahren gehen wird? Natürlich weiß das auch sonst niemand. Aber als Schmerzpatientin lebe ich mit sehr unterschiedlichen Phasen. Besseren Phasen mit mehr Spannkraft und schlechten Phasen, in denen mir jegliche Kraft fehlt und Einsätze zu einer Gratwanderung werden. Dass ich bei Einsätzen über meine Kräfte hinausgehe, ist sowieso der Fall. Aber andererseits erlebe ich dabei oft so viel Erfüllung, dass mich das innerlich wieder für eine ganze Weile stärkt und beflügelt. Zudem bin ich stets so nervös, dass das freigesetzte Adrenalin zumindest vorübergehend einen Prozess zur Schmerzunterdrückung in Gang setzt, wobei die ausgeschütteten Endorphine die Schmerzen für eine Weile erträglicher machen, bevor sie wieder mit voller Wucht zurückkehren.

Es bleibt ein Spannungsfeld: Sage ich zu oder nicht? Werde ich genügend Kraft haben oder nicht? Im Vertrauen auf Jesus Christus, dem ich nachfolge, habe ich in diesem Zusammenhang schon berührende Wunder erlebt. Ich durfte erfahren, wie die Kraft des Heiligen Geistes in meiner Schwäche wirksam wurde (2. Korinther 12,9). Manchmal habe ich meine Grenzen aber auch unvernünftig missachtet.

Während ich dasitze, erreicht mich eine Nachricht via Facebook Messenger. Kurz vorher habe ich auf Facebook in einem Beitrag auf den bevorstehenden Frauentag hingewiesen. Die Nachricht ist von einer Unbekannten. Sie stellt den Hinweis zum Frauentag in Zusammenhang mit einer Buchpassage, in der ich über meine Schmerzsituation schrieb, und hält mir vor, dass ich niemals in der Lage wäre, ein Referat zu halten oder ähnliche Dinge zu tun, wenn es mir wirklich so schlecht ginge, wie ich behaupte. »Sie sind eine Simulantin!«, empört sie sich. Sie hingegen sei eine echte Schmerzpatientin, daher wäre es für sie undenkbar, das Haus zu verlassen, geschweige denn etwas zu tun. Wow. Ich sitze da wie versteinert und weiß nicht, wie mir geschieht. Ich fühle mich vor den Kopf gestoßen und sehr verletzt. Nach dem ersten Schreck steigt Ärger in mir hoch. Woher nimmt sie sich das Recht, so über mich zu urteilen, ohne mich und meine Situation zu kennen? Es ist mir bewusst, dass es Schmerzpatienten gibt, denen es sehr viel schlechter geht als mir und die nicht in der Lage wären, eine längere Reise auf sich zu nehmen und einen solchen Tag zu überstehen. Auch bei mir gab es solche Phasen. Das war sehr schmerzlich. Inzwischen ist mein Lebensradius wieder größer. Doch soll ich mich – bloß weil andere eine bestimmte Vorstellung davon haben, wie ich mich als Schmerzpatientin zu verhalten habe oder nicht – bis auf Weiteres nur noch zu Hause verkriechen? In den eigenen vier Wänden muss ich aufpassen, dass sich nicht alles um den Schmerz dreht. Gehe ich gewissen Aufgaben nach, muss ich körperlich zwar meist dafür büßen, aber andererseits ist es eine Ablenkung, die mir psychisch guttut. Es ist eine Möglichkeit, aus meinem Schmerzgefängnis auszubrechen und auf andere Gedanken zu kommen. Mein Leben wieder in einem größeren Zusammenhang zu sehen und neu Mut zu schöpfen um vorwärtszugehen.

Ein paar Stunden später ist meine Empörung abgeebbt. Ich

stelle mir die Situation der Frau vor, die mir geschrieben hat, und empfinde Mitgefühl. Es muss entsetzlich für sie sein, Tag und Nacht Schmerzen zu haben und nicht einmal in der Lage zu sein, aufzustehen oder das Haus zu verlassen. Kein Wunder, wenn man da bitter wird und vielleicht sogar ein Hauch Neid mitschwingt auf andere, deren Lebensradius größer ist.

Psalm 147,14 (LUT)
Er schafft deinen Grenzen Frieden
und sättigt dich mit dem besten Weizen.

Hoffnungsschimmer:

Es ist schmerzlich, wenn Lebensgrenzen umkämpft sind. Zurzeit fällt es mir schwer, meine Grenzen zu akzeptieren. Lebendiger Gott, stelle Du Dich schützend vor mich und lass mich in Deinem Schutz Frieden finden. Lehre Du mich, meine Grenzen zu respektieren. Ich nehme Dich beim Wort, dass Du mich innerhalb meiner Grenzen großzügig versorgen wirst.

15. »DU BIST SELBST SCHULD!«

Sprachlos schaue ich meinen Mann an und traue meinen Ohren nicht. Das kann unmöglich sein Ernst sein, was er da gerade von sich gegeben hat. Es müsste ihm doch klar sein, wie tief mich eine solche Aussage verletzt. Oder etwa nicht? Ratlos schaue ich mich im Restaurant um, in dem wir uns auf einen Kaffee verabredet haben. Schon länger herrscht dicke Luft zwischen uns. Ich spüre, wie viel Frustration, Ärger und Hilflosigkeit sich in den vergangenen Monaten in meinem Mann aufgestaut haben, und kann es durchaus nachvollziehen. Die ganzen letzten Monate, in denen ich ein Totalausfall war, meine nicht enden wollende Schmerzsituation, die Ratlosigkeit im Hinblick darauf, wie alles weitergehen soll, Probleme mit den Kindern und vieles mehr. Dies alles goss beständig Öl ins Feuer seiner Midlife-Crisis, in der er alles hinterfragte – nicht zuletzt unsere Ehe und Familie. Zwischenzeitlich ist die Stimmung so angespannt zwischen uns, dass es schwierig ist, spannungsvolle Themen friedlich zu besprechen. Daher habe ich meinen Mann am heutigen Tag auf einen Kaffee im schützenden Rahmen eines Restaurants eingeladen. Und hier ist es nun aus ihm herausgeplatzt: »Eigentlich bist du selbst schuld!«

Als ich nach einer gefühlten Ewigkeit meine Sprache wiederfinde und meine Emotionen so weit im Griff habe, dass ich nicht an Ort und Stelle in Tränen ausbreche, frage ich zurück: »Wie kommst du darauf? Inwiefern soll ich selbst schuld sein?« Es folgt eine Auflistung diverser Punkte. Er hat sich offensichtlich schon länger Gedanken dazu gemacht. In den Jahren meiner Doktorarbeit, die meiner Rückengeschichte vorangingen, hätte ich viel zu viel gesessen, mich zu wenig bewegt, meinen Rücken vernachlässigt und vieles mehr. Sein Monolog endet mit den Worten: »Wenn du besser aufgepasst hättest, wäre es gar nie so weit gekommen.« Mit verschränkten Armen sitzt er da und blickt mich vorwurfsvoll an. Es gibt wenig Dinge, die mir den Boden derart unter den Füßen wegziehen, wie der direkte oder indirekte Vorwurf, dass ich selbst schuld sei an der gegenwärtigen Misere. Schuld an meinen Schmerzen. Daran, dass es nicht besser wird. Und – damit verbunden – schuld an den Spannungen in unserer Ehe, Familie und vieles mehr.

Am Tag nach meiner Rückenoperation brachte mir jemand im Krankenhaus ein Buch vorbei, in dem gelehrt wird, wie man die Existenz von Schmerz und Krankheit im Glauben von sich weist. Die Person entschuldigte sich bei mir, dass sie nicht früher reagiert habe, und sagte, dass ich mich gar nie hätte operieren lassen dürfen. Dass es gar nie so weit hätte kommen müssen, hätte man im Vorfeld genügend Glauben gehabt und in der richtigen Herzenshaltung um Heilung gebetet. Bin ich am Ende sogar schuld, dass mein Glaube nicht stark genug ist? Da wird mir eine Last aufgebürdet, die über meine Kräfte geht.

Zu den belastenden Schuldfragen gesellen sich ferner irritierende Sinnfragen. Auch hier sind verletzende Plattitüden nicht fern: »Dein Leiden hat bestimmt einen Sinn.« – »Letztlich dient uns alles zum Besten.« – »Du wirst den Sinn des Ganzen schon noch erkennen.« Jede einzelne Phrase kann für Betroffene wie eine Ohrfeige sein. Und ich frage mich, woher sich gewisse Menschen das Recht herausnehmen, die durchgeschüttelte Existenz von Leidenden fromm schönzureden und dadurch zu bagatellisieren. Was ist denn mit den vielen tragischen Lebensverläufen, die für Betroffene bis zum Schluss ohne erkennbaren Sinn bleiben? Wer ist in der Lage, dies mitzutragen? Sinnlosigkeit auszuhalten? Und der Versuchung von Schuldzuweisungen zu widerstehen?

Bei der Fortsetzung unseres Gesprächs im Restaurant bin ich zwar körperlich anwesend, aber innerlich suche ich das Weite. Ich halte es nicht mehr aus an diesem Ort, wo mich niemand versteht und Mitmenschen meine Last oft nur schwerer machen. Trotz meiner Verletztheit kenne ich meinen Mann gut genug, um zu wissen, dass seine Vorwürfe vor allem seiner Ohnmacht und Überforderung geschuldet sind. Aber es ist natürlich immer leichter, jemand anderem den Schwarzen Peter zuzuschieben. Einen Sündenbock zu finden. Doch wer kann letztlich wissen, wie alles zusammenhängt?

Johannes 9,2-3a (HFA)
»Rabbi«, fragten die Jünger, »wer ist schuld daran, dass dieser Mann blind ist? Hat er selbst Schuld auf sich geladen oder seine Eltern?« »Weder noch«, antwortete Jesus.

Prediger 8,14a (HFA)
Und trotzdem geschieht so vieles auf der Welt, das keinen Sinn ergibt.

Hoffnungsschimmer:

Ich bin mit meinem Latein am Ende. Ich stecke in einem Dickicht voller Fragen, während Menschen um mich herum erstaunlich viele Antworten kennen. Sie wissen, wer woran Schuld hat und wieso. Behaupten, dass alles Sinn ergibt, wenn man nur die richtige Perspektive findet, und weisen mich mit frommen Phrasen zurecht. Himmlischer Vater, hilf mir, mich von Antworten zu distanzieren, die weder hilfreich noch wahr sind und mir nur zusätzlichen Schmerz zufügen. Du siehst aber auch die nagenden Schuld- und Sinnfragen tief in mir, von denen niemand sonst weiß, die mich zermürben, zerfressen und zu Fall bringen wollen. Allmächtiger Gott, der Du mich bis ins Innerste kennst und die Dinge aus einer Perspektive siehst wie niemand sonst auf dieser Welt, Dir vertraue ich mich an mit all meinen offenen und quälenden Fragen.

16. SCHMERZPAUSE

Es ist kurz vor neun Uhr, an einem gewöhnlichen Freitagmorgen im August 2020. Wobei dieser Morgen in Wirklichkeit alles andere als gewöhnlich für mich ist. Ich liege im Bett und kann meine Tränen nicht zurückhalten. Doch diesmal nicht aus Traurigkeit, sondern aus einem überwältigenden Gefühl der Dankbarkeit heraus. Zwei Stunden später schreibe ich an meinen behandelnden Facharzt: *»Heute Morgen lag ich auf dem Rücken im Bett und konnte die Tränen nicht mehr zurückhalten, weil ich wieder einmal eine Ahnung davon bekam, wie sich ein Leben ohne starke Schmerzen anfühlen könnte (wie das mal war, daran erinnere ich mich eigentlich gar nicht mehr). Dass ich am Morgen so auf dem Rücken liegen kann und es gut erträglich ist – das war seit Jahren nicht mehr möglich. Und nun sitze ich am Schreibtisch (auch das war in den letzten Jahren nur in kurzen Intervallen möglich) und schreibe Ihnen diese E-Mail ohne jene brennenden Schmerzen im Gesäß und hinteren Oberschenkel. (…) Zuvor habe ich kaum zu hoffen gewagt, nochmals an einen solchen Punkt wie heute Morgen zu gelangen. Und das ist ja noch nicht einmal die Endstation. Meine Psyche braucht Zeit, mit alldem mitzukommen. Diesbezüglich hatte ich große Probleme in den letzten Wochen. Aber an der Hoffnung von heute Morgen will ich festhalten.«*

Jeden einzelnen Augenblick dieser Schmerzpause will ich umarmen, dankbar in mich aufnehmen und bewusst wahrnehmen. Im Wissen darum, dass der Schmerz in wenigen Stunden zurückkehren wird. Wie dankbar bin ich, dass ich den Mut fand, mich wenige Monate zuvor nach vielen Schmerzjahren nochmals auf neue Untersuchungen einzulassen und beeindruckt festzustellen, was sich in der Schmerzmedizin in den vergangenen Jahren alles getan hat. Voller Skepsis war ich zum Erstgespräch angetreten, ohne jegliche Erwartungen. Zu oft war ich schon enttäuscht worden. Doch dann: überraschend neue Perspektiven. Dem ärztlichen Verdikt aus früheren Schmerzjahren »Damit müssen Sie leben. Da kann man nichts mehr machen« standen plötzlich konkrete Behandlungsmöglichkeiten gegenüber. Nicht in dem Sinne, dass sich die irreversiblen Nervenschäden wundersam in Luft auflösen (Wunder ausgenommen!), aber dass gezielte Schmerzinterventionen (in meinem Fall durch gepulste Radiofrequenztherapie) zu einer temporären Schmerzlinderung führen könnten. Trotzdem hat es mich überraschend viel Mut gekostet, nochmals Ja zu sagen zu neuen Abklärungen und Untersuchungen. Die Angst vor einer weiteren Enttäuschung war immens. Und die Spannkraft, eine solche zu ertragen, wesentlich geringer als noch sieben Jahre zuvor. Doch immerhin *hatte* ich das Privileg einer Wahl. Ganz im Gegensatz zu vielen anderen, deren Diagnose gar keine Therapiewahl mehr möglich macht.

Nun stehe ich seit drei Monaten mitten im Prozess. Erste Abklärungen und Testinfiltrationen an den Nervenwurzeln liegen hinter mir. Es geht in einer ersten Phase um die Klärung, wie viele Nervenwurzeln tatsächlich am Schmerzempfinden beteiligt sind. Zwei sind bestätigt. Ein dritter Test steht noch aus. Trotz erster vielversprechender Ergebnisse ist der Weg noch lang. Denn erst nachher werden die richtigen Behandlungen starten, wobei offen ist, ob ich auf jene tatsächlich anspreche, für wie lange sie mir Schmerzlinderung verschaffen und ob es gelingen wird, dank dieser Behandlungen die Schmerzmedikamente zu reduzieren. Und dann ist da noch der psychische Aspekt. Ein wildes Auf und Ab zwischen Angst und Hoffnung, zwischen körperlicher und seelischer Erschöpfung.

Der Ausgangspunkt von alldem hier war ein weiterer Tiefpunkt in meinen Schmerzjahren. Der Schmerz wurde zu überwältigend und die Perspektive, dass es menschlich gesehen nur noch schlimmer werden kann, gab mir den Rest. Dies offen vor meinem neuen Hausarzt auszusprechen, führte nicht – wie erwartet – zu einer Erhöhung der Medikamentendosierung, sondern zur Überweisung an einen Facharzt und unerwartete Perspektiven. Hätte ich nicht den Mut gehabt, mich auf dieses Wagnis einzulassen, wäre ich heute nie an diesem Punkt. Auch wenn ich zum jetzigen Zeitpunkt nicht weiß, wie es weitergehen wird, bin ich fast versucht zu sagen: Allein für die paar Stunden Schmerzpause hat sich der ganze Aufwand schon gelohnt. Gleichzeitig weckt dieser Moment der Schmerzpause Sehnsucht nach mehr. Ich hatte ja keine Ahnung mehr, wie sich ein Leben ohne Schmerzen anfühlen könnte. Wie selbstverständlich nehmen wir doch viele Dinge hin, von denen wir keine Ahnung haben, dass sie alles andere als selbstverständlich sind.

Immer deutlicher spüre ich, dass sich meine Schmerzpause dem Ende zuneigt. Langsam aber sicher kehrt der vertraute brennende Schmerz wieder in Rücken, Gesäß und Bein zurück. Seltsamerweise erscheint mir der Schmerz – nach dieser außergewöhnlichen Pausenerfahrung – noch unerträglicher als zuvor.

Psalm 86,17a (HFA)
HERR, gib mir ein sichtbares
Zeichen deiner Güte!

Hoffnungsschimmer:

Himmlischer Vater, für den heutigen Tag meiner Wanderung durch das dunkle Tal bitte ich Dich um ein sichtbares Zeichen dafür, dass Du da bist und es gut mit mir meinst. Vielleicht verbirgt sich das Zeichen Deiner Güte in einem Arzt, der mich ernst nimmt, in einem Moment der Schmerzlinderung, einer Blume am Wegrand, einem Schmetterling oder sonstigen Wunder der Natur. Und wenn es da ist, gib mir offene Augen, es zu erkennen! Nicht dass ich es übersehe, weil ich mir etwas ganz anderes vorgestellt habe.

17. WIE LANGE NOCH?

Aus der grellen Sonne trete ich in einen dunklen, fensterlosen Seminarraum. Es dauert eine Weile, bis ich mich zurechtfinde und den Lichtschalter finde. Allerdings funktioniert er nicht und der Raum bleibt vorerst dunkel. Ich mache einen Anruf und warte auf die Hilfe des Haustechnikers. Zuerst stehe ich eine Weile untätig im Dunkeln. Doch nach ein paar Minuten haben sich meine Augen so gut an die Dunkelheit gewöhnt, dass ich die Zeit bis zum Eintreffen des Technikers bereits nutzen und mit Einrichten beginnen kann. Was für eine faszinierende Fähigkeit unseres Sehorgans, eine Dunkeladaptation vorzunehmen!

»Wie lange noch?«, ertönt eine entnervte Stimme vom Rücksitz des Autos, während wir uns langsam im Stau vorwärtskämpfen. »Wie lange noch?«, seufzt meine Tochter im Wartezimmer des Zahnarztes vor einer schwierigen Behandlung. »Wie lange noch?«, fragen die müden Augen meines Onkels, dem ich in seinen letzten Lebensstunden beistehe.

Wie lange noch? Wie lange noch – bis der Schmerz weg ist? Bis alles wieder ist wie vorher? Bis der Alltag wieder Einzug hält? Bis ich die Medikamente wieder absetzen kann? Bis ich wieder unbeschwert sitzen und schlafen kann? In meinem ersten Jahr mit chronischen Schmerzen hat sich alles um diese Fragen gedreht. Jeder Arztbesuch, jeder Medikamentenwechsel, jede neue Therapie, jedes Nahrungsergänzungsmittel, jede neue Übung ... alles war dem Ziel untergeordnet, dass die Warterei ein Ende findet und wir wieder zum Status quo vor dieser Zeit zurückkehren können.

Wie lange dauert die Wanderung durch das dunkle Tal denn noch? Was bei mir die Erfahrung mit chronischen Schmerzen ist, kann für andere eine gescheiterte Ehe, eine unheilbare Krankheit oder den Verlust eines geliebten Menschen bedeuten. Die letztgenannten Beispiele zeigen, dass eine Rückkehr zum Status quo vor einem bestimmten Ereignis in vielen Fällen gar nicht mehr möglich ist. Es ist der Anfang einer neuen schmerzlichen Normalität. Mit bebendem Herzen wächst die Ahnung, dass die Wanderung durch das dunkle Tal zur neuen Alltagsrealität wird. Dass keine andere Wahl bleibt. »Wie lange noch?« bedeutet auch: Mir gefällt es hier nicht. Ich will dieser Situation so schnell wie möglich entfliehen. Ich halte es nicht mehr aus hier. Es muss sich dringend etwas ändern. Doch was ist, wenn dies die einzige Option ist, die mir bleibt?

Nachdem die Frage »Wie lange noch?« über Monate mein ganzes Denken und Handeln dominiert hat, spüre ich, dass sich dringend etwas ändern muss, wenn noch etwas Lebenskraft und ein Fünkchen Glaubenshoffnung überleben soll. Es wird mir bewusst, dass ich die Dauer dieser Wanderung an ebendiesem Ort nicht mit menschlicher Kraft beeinflussen kann. Ich finde weder einen Ausgang noch eine Abkürzung. Vielleicht wird es Zeit, diese Frage loszulassen. Denn sie versetzt mich dauernd in Zukünftiges, das lediglich auf Wunschträumen basiert. In Utopisches, das ich mir schön ausmale, das aber vielleicht niemals eintreffen wird. Und sie hindert mich daran, in der Gegenwart zu leben und zu erkennen, was der jetzige Augenblick an Segen für mich bereithält. Vergangenes kann ich nicht ändern, Zukünftiges bleibt ungewiss, einzig Gegenwärtiges kann ich als Geschenk annehmen und gestalten.

Stand heute, bald zehn Jahre später, bin ich immer noch am Wandern in diesem dunklen Tal. Es gibt zwar mehr Lichtungen als noch vor einigen Jahren, aber ansonsten sind viele Herausforderungen dieselben. Doch während sich das dunkle Tal nur unmerklich verändert, bin ich es, die sich wahrnehmbar, wenn auch meist unbewusst, verändert. Still und leise. Ich frage weniger »Wie lange noch?«, sondern halte Ausschau nach Lebenswertem im Hier und Jetzt. An guten Tagen nehme ich Schattierungen und Nuancen in der Dunkelheit wahr, die ich vor einigen Jahren noch nicht erkennen konnte.

Ich ahne, dass nicht nur unsere natürlichen, sondern auch unsere geistlichen Augen (in Epheser 1,18 ist von »Augen des Herzens« die Rede) in der Lage sind, mit Gottes Hilfe eine Anpassung an die Dunkelheit vorzunehmen. Doch auch innerlich wird eine Dunkeladaptation nur dann möglich, wenn ich bereit bin, mich der Dunkelheit zu stellen. Sie zuzulassen. Auszuhalten. Geduldig abzuwarten. Und plötzlich erkennen meine geistlichen Augen Sterne und Galaxien, wo einige Jahre zuvor nichts als trostlose Dunkelheit war. Natürlich ist es nicht immer gleich und gibt es unterschiedliche Phasen. Manchmal verbergen sich selbst Sterne hinter Wolken. Doch ich will meine Lebenszeit nicht länger damit vergeuden, darauf zu warten, bis die Dinge so sind, wie ich sie mir vorstelle, sondern im Hier und Jetzt aufmerksamer, dankbarer und handlungsfähiger werden. So wie ich mich nun schon eine ganze Weile für mein Seminar im Dunkeln einrichte und erstaunlich gut damit vorankomme. Wenn der Techniker kommt, werde ich nahezu bereit sein und dank dem zusätzlichen Licht werden die letzten Handgriffe im Nu erledigt sein.

Psalm 13,2-3a

Wie lange noch, HERR, willst du mich vergessen? Etwa für immer? **Wie lange noch** willst du dich vor mir verbergen? **Wie lange noch** muss ich unter tiefer Traurigkeit leiden und den ganzen Tag Kummer in meinem Herzen tragen?

Hoffnungsschimmer:

Die Frage »Wie lange noch?« ist belastend und tut weh. Sie ist verbunden mit dem Schmerz über meine gegenwärtige Situation, die ich manchmal nur schwer aushalte. Jesus Christus, ich bitte Dich, dass Du meinen Herzensaugen dabei hilfst, eine Dunkeladaptation vorzunehmen. Lass mich erkennen, dass mein Leben nicht erst dann wieder einen Sinn hat, wenn ich einen Ausweg aus dem dunklen Tal finde, sondern dass auch mein schmerzliches Hier und Jetzt keine verlorene Lebenszeit ist. Lass meine Augen Kostbarkeiten im Dunkeln erkennen, die bei Tageslicht verborgen sind. Wie die Sterne, die am Nachthimmel leuchten.

TEIL II:

GEHALTEN. VOM GUTEN HIRTEN

Während ich mich auf meiner Wanderung durchs dunkle Tal oft schrecklich allein fühle, sagt Gottes Wort, dass es in Wirklichkeit gar nicht so ist. Sondern dass der gute Hirte auf Schritt und Tritt bei mir ist. *Der Herr ist mein Hirte* bezeugt David in Psalm 23. Er weiß, wovon er spricht, weil er selbst Schafhirte war, bevor er König wurde. Der Herr ist also nicht irgend*ein,* sondern *sein* ganz persönlicher Hirte. In Vers 4, wo von der Wanderung im dunklen Tal die Rede ist, geht das Erzählen über den guten Hirten in ein persönliches Gebet mit direkter Anrede über: *Und ob ich schon wanderte im finstern Tal, fürchte ich kein Unglück; denn du bist bei mir.* Das Erleben der Gegenwart Gottes ist so real für den Psalmisten, dass er daraus Trost, Lebenskraft und neuen Lebensmut schöpft.

Das berührt mich. Gleichzeitig ahne ich aber auch, dass noch ein intensiver Weg vor mir liegt. Ich kann nicht von mir behaupten, dass dieses unerschütterliche Vertrauen, wie es mir in Psalm 23 entgegenkommt, bei mir an der Tagesordnung ist. Selbst wenn ich mein Herz immer wieder daran erinnere, dass der Hirte bei mir ist, bin ich oft auf wackligen Beinen unterwegs. Es fehlt mir an innerer Festigkeit. Immer wieder fühle ich mich überwältigt von Fragen, zerrissen, enttäuscht von Gott. Hin- und hergerissen zwischen Verzweiflung und Hoffnung. Überfordert von Spannungsfeldern. Nagender Zweifel an Gottes Liebe und Güte greift die zarte Pflanze des Vertrauens an. Doch bloß weil ich vieles nicht verstehe und manchmal Mühe damit habe, die gegenwärtigen Lebensumstände zu akzeptieren, darf ich auf keinen Fall den Fehler begehen und mit Scheuklappen durch das finstere Tal irren. So als ob niemand bei mir wäre. Vielmehr will ich suchend und tastend den guten Hirten im dunklen Tal an meiner Seite spüren und als Wegbegleiter, Gegenüber und Beschützer erkennen und wertschätzen. Mit ihm ins Gespräch kommen und ihm nahe sein. Ihm Anteil geben an meinem Ringen, meinem Schmerz, meiner Traurigkeit und Enttäuschung. Mich seiner Führung anvertrauen. Mein Herz für seine Gegenwart und sein Wirken öffnen. Seine Liebe und Güte empfangen. Und mich in Sternstunden von ihm gehalten wissen. So, dass auch ich mit dankbarem Herzen bezeugen kann: Der Herr ist *mein* Hirte.

Und während ich mich auf meinem Weg vorantaste, möchte ich in diesem Teil einige Erkenntnisse mit dir teilen, die mir zu Hoffnungsschimmern in der Dunkelheit wurden. Mit großer Demut und tiefem Respekt für deine Situation, die vielleicht noch ganz andere Herausforderungen an dich stellt. Es sind Hoffnungsschimmer, die im Vertrauen auf den dreieinigen Gott gründen und die mir im vergangenen Jahrzehnt dabei halfen, nicht aufzugeben, sondern mit Gottes Hilfe weiterzugehen.

18. DU BIST GEHALTEN!

Heute Abend darf ich an einem Frauenabend in der Ostschweiz über Kerngedanken meines ersten geistlichen Ratgebers sprechen: *Einzigartig: Entfalte, was in dir steckt.*[13] Egal wie oft ich schon über die faszinierende Verwandlung der Raupe zum Schmetterling gesprochen habe, jedes Mal bin ich am Ende selbst neu überwältigt von diesem Wunder, das sich nicht nur in der Tierwelt vollzieht, sondern sinnbildlich auch im menschlichen Leben Realität werden kann. Kein anderes Naturbild hat mir in den Krisenzeiten der vergangenen Jahre so viel Hoffnung geschenkt wie der Schmetterling, der seiner dunklen Puppenhülle entkommt. Die Erfahrung von Schmerz spiegelt sich überaus treffend in der Enge und Dunkelheit eines Kokons wider, in dem sich alles auflöst und nichts bleibt, wie es ist. Doch was aussieht wie ein unaufhaltsames Ende, ist in Wirklichkeit ein Wunder und Neuanfang: in neuer Gestalt und neuer Dimension. Natürlich muss nicht jeder zuerst eine dramatische Dunkelzeit durchleben, um ein »Schmetterling« zu werden. Dafür gibt es auch in der Natur unterschiedliche Beispiele. Dies ändert allerdings nichts daran, dass es viele Menschen gibt, die die Dunkelheit einer Kokon-Zeit existenziell erfahren. An diesem Punkt meines Referats erzähle ich offen von persönlichen Kokon-Erfahrungen. Es wird ganz still im Raum. Eine Frau wischt sich schon längere Zeit verstohlen Tränen aus dem Gesicht. Ich sehe den Schmerz in ihren Augen und plötzlich kommen mir mei-

---

13 Sommer, Debora, 2017. *Einzigartig: Entfalte, was in dir steckt.* Marburg: Francke-Buch. Oder passend zum Thema in einem kleinen lyrischen Geschenkband: Sommer, Debora, 2019. *So einzigartig wie ein Schmetterling.* Marburg: Francke-Buch.

ne Worte unbeholfen, oberflächlich und leer vor. Jeder Appell, wie man einer solchen Kokon-Erfahrung begegnen soll, scheint an der Mauer ihres Schmerzes abzuprallen. Ich halte inne und spüre, dass ich nicht leichtfertig über diesen Eindruck hinweggehen darf. Vom dunklen Hintergrund meiner Präsentation hebt sich ein Kokon ab, der an einem Ast hängt. »Wer würde ahnen, dass sich in diesem stabilen Gehäuse eine Existenz auflöst?«, frage ich in die Runde. Das Geschöpf, das sich im Kokon zu einer Zellsuppe auflöst, ehe es in unvergleichlich höherer Komplexität neu zusammengefügt wird, hat in dieser Phase seiner Existenz überhaupt nichts mehr im Griff. Es ist geheimnisvollen biologischen Prozessen ausgeliefert. Gesteuert von der Meisterhand des Schöpfers.

Auch wir Menschen präsentieren uns nach außen hin oft mit einer stabilen Hülle. Doch wer würde bei gewissen Menschen ahnen, dass hinter der Fassade alles auseinanderfällt? Nachdenklich schaue ich den Kokon auf der Leinwand an. Plötzlich erkenne ich etwas, das mir vorher noch nie auf diese Weise aufgefallen ist. Mein Blick fällt auf das Verbindungsstück, das den Kokon am Ast festhält. Im Fall der eingeblendeten Schmetterlingsart handelt es sich um ein sogenanntes »Seidenkissen« oder »Seidenpolster«, das stark genug ist, den Kokon selbst bei Wind und Wetter an einem Zweig, Ast oder Ähnlichem festzuhalten. Neben solchen »Stürzpuppen« gibt es bei den Tagfaltern auch »Gürtelpuppen«. Jene werden von einem Gürtel aus Seidenfäden festgehalten, der um ihre Körpermitte geschlungen ist. In beiden Fällen ist da etwas, das sie festhält.

Welch hoffnungsvolles Bild auch für menschliche Kokon-Zeiten, in denen wir uns ohnmächtig einem Auflösungsprozess ausgesetzt fühlen, den wir nicht aufhalten können. »Solltest du dich am heutigen Abend so hilflos fühlen wie eine Raupe im Auflösungsprozess«, richte ich mich an die Frauen, »dann möchte ich dich bitten, dass du heute nur diesen einen Gedanken mit nach Hause nimmst: *Du bist gehalten!* Auch dann, wenn alles um dich dunkel ist und du nicht mehr weißt, wo unten und oben ist, darfst du wissen: Du bist gehalten. Selbst wenn du dies im Moment weder spürst noch glauben kannst.« Es gibt Momente in unserem Leben, wo alles an einem seidenen Faden hängt. Der seidene Faden der göttlichen Liebe ist jedoch alles andere als schwach. Er ist in der Lage, jedem Lebenssturm zu trotzen. Wenn die Zellsuppe unseres Daseins am Seidenfaden der göttlichen Liebe hängt, befinden wir uns mitten in allen Erschütterungen am sichersten Ort der Welt. Gehalten vom Allmächtigen. Umfangen von seiner Liebe. Mit seiner Hilfe und Gnade wird der Tag kommen, an dem wir das auch wieder fühlen werden.

Bei jedem Wort, das ich sage, spüre ich: Das gilt auch mir. Denn auch ich muss dies alles immer wieder neu durchbuchstabieren. Aber ich will mich reinhängen – in diesen göttlichen Seidenfaden der Liebe. Und vertrauen, dass ich gehalten bin.

Psalm 145,14 (HFA)
Wer keinen Halt mehr hat,
den hält der HERR;
und wer am Boden liegt,
den richtet er wieder auf.

Hoffnungsschimmer:

Jesus Christus, lass mich in dunklen Stunden Ruhe finden im Versprechen, dass ich von Dir gehalten bin. Selbst dann, wenn ich nicht mehr in der Lage bin zu glauben und zu vertrauen. Auch dann, wenn ich nicht über den Rand der Dunkelheit hinaussehe und mir die Worte fehlen.

19. »BIST DU DA?«

»Bist du da?«, flüstere ich ins Dunkel des Schlafzimmers, während meine Hand suchend nach meinem Ehemann tastet. Ein Albtraum hat mich aus dem unruhigen Schlaf gerissen. Doch die Betthälfte neben mir ist leer. Es dauert einen Moment, bis ich mich erinnere, dass Rolf heute Nacht gar nicht da ist. Nach einer Schmerzbehandlung musste ich die Medikamente erhöhen, um die anfängliche Schmerzintensivierung aufzufangen. Mein Körper mag diese Dosierungswechsel nicht. Mein Schlafanzug ist nass geschwitzt und mein Puls rast. Trotz der starken Schmerzmedikamente sind die Schmerzen nur schwer auszuhalten. Wenn ich mich im Halbschlaf aus Versehen auf die linke Seite drehe, bin ich im Nu wieder wach. Immerhin darf ich in absehbarer Zeit eine Schmerzlinderung erwarten. Auch wenn diese bloß vorübergehend ist, will ich dankbar dafür sein, weil es den Alltag für eine Weile erträglicher macht. Doch bis es so weit ist, muss ich noch einiges aushalten. Ich nehme kurz eine Dusche und ziehe einen trockenen Pyjama an. Hellwach liege ich im Bett. Es ist wieder eine dieser Nächte, die sich endlos lang hinziehen.

Während ich so daliege, hallt echoartig die Frage in mir nach: »Bist du da?« Es hätte mich so beruhigt, Rolf in diesem Moment an meiner Seite zu wissen. Selbst wenn er nichts anderes getan hätte, als im Dunkeln neben mir weiterzuschlafen. Ich schäme mich dafür, dass ich dies meist als selbstverständlich erachte oder mich gar unerwünschte Schlafgeräusche nerven. Gleichzeitig ertappe ich mich dabei, dass mir viel zu wenig bewusst ist und ich viel zu schnell daran zweifle, dass noch ein anderer in der Dunkelheit bei mir ist. Nämlich derjenige, von dem David in Psalm 23,4

(LUT) sagt: *Und ob ich schon wanderte im finstern Tal, fürchte ich kein Unglück; denn du bist bei mir.*

Davids Lied beginnt mit den Worten: *Der Herr ist mein Hirte.* Dort, wo in vielen deutschen Bibelübersetzungen »HERR« in Großbuchstaben zu lesen ist, steht im hebräischen Urtext der Gottesname »Jahwe« (bzw. die vier Konsonanten JHWH). Jener Name wurde seit dem antiken Judentum aus Ehrfurcht vor dem heiligen Gott nur mit dem hebräischen Ersatznamen *Adonai* ausgesprochen. Mit dem Gottesnamen *Jahwe* hat sich der dreieinige Gott Mose am brennenden Dornbusch geoffenbart (in 2. Mose 3,14-15). Bei dieser Gelegenheit hat er klargestellt, dass sein Gottesname Programm ist. Jahwe bedeutet so viel wie: »Ich bin, der ich bin« oder: »Ich werde sein, der ich sein werde«, aber auch: »Ich bin da« oder ganz persönlich: »Ich bin für euch da« beziehungsweise: »Ich bin für dich da«. Dieser »Ich bin da« offenbart sich seinem menschlichen Freund Mose in der Wüste auf unbeschreibliche und eindrückliche Weise als barmherziger und gnädiger Gott, dessen Geduld, Liebe und Treue endlos sind (vgl. 2. Mose 34,6). Keine noch so große menschliche Schuld und Unzulänglichkeit können diese göttliche Liebe und Barmherzigkeit aufhalten.

Der Ewige, der immer schon da war und immer da sein wird, ist auch jetzt da. Genau in diesem Moment. Hier bei mir. Auch wenn ich ihn im Dunkeln nicht erkennen kann, ist er trotzdem da. Ich beginne leise Psalm 23 aufzusagen. Er wurde mir schon in jungen Jahren beigebracht. An einer Stelle stocke ich. Unmittelbar vor dem Teil mit der Wanderung im dunklen Tal heißt es: *Er erquicket meine Seele. Er führet mich auf rechter Straße um seines Namens willen.* Der ganze Psalm 23 preist Gottes Fürsorge – in Höhen und Tiefen des Lebens. In jeder Situation ist Jahwe, der Hirte, da. Dafür verbürgt er sich sogar mit seinem Namen.

Die Frage ist: Bin ich bereit, an die Kraft und Wahrheit dieses Namens zu glauben? Verhalte ich mich der Tatsache entsprechend, dass Gottes Name nicht bloß eine Floskel, sondern ein ernst gemeintes Versprechen ist? Gebe ich dem ewigen »Ich bin da« eine Chance, seinen Namen unter Beweis zu stellen, oder überlasse ich meinen Zweifeln und meinem Misstrauen kampflos das Feld? Bin ich bereit, meine Hand in der Dunkelheit suchend nach dem lebendigen Gott auszustrecken und ihn leise zu fragen: »Bist du da?«

Psalm 9,11
Auf dich, HERR, werden alle vertrauen,
die dich und deinen Namen kennen,
denn wer deine Nähe sucht,
den lässt du nie allein.

Hoffnungsschimmer:

Herr, ich vertraue darauf, dass Dein Name Kraft hat. Und dass Deine Nähe keine Einbildung, sondern kostbare Realität ist. Ich strecke meine Hand nach Dir aus. Lass mich spüren und erkennen, dass Du da bist.

20. EIN GUTER HIRTE?

Wie konnte ich nur so dumm sein und mich hier vor Ort für die MRT-Untersuchung anmelden lassen? Hier hatte ich vor sieben Jahren mein allererstes MRT – wenige Wochen vor dem chirurgischen Eingriff. Auf dem Aufklärungsbogen von damals stand, dass ich mir für die Zeit der MRT-Untersuchung Musik wünschen darf. Ein beruhigender Gedanke. Allerdings hatte mich niemand auf den durchdringenden Lärm des Magnetresonanztomografen vorbereitet! Von der Musik war höchstens in den Pausen etwas zu hören. Beim zweiten MRT war ich innerlich besser gewappnet. Zudem fand jenes in einer anderen Klink statt, wo der Durchmesser der Röhre bedeutend größer war. Als ich mich vor einigen Wochen nach all den Jahren auf neue Schmerzuntersuchungen einließ, hieß es, dass es in einem ersten Schritt neue Untersuchungen braucht, damit sich mein Schmerzarzt ein Bild der aktuellen Situation machen kann. Dazu gehört eben auch ein neues MRT. Dabei überließ er mir die Wahl, wo er mich anmelden sollte – im Krankenhaus, das am nächsten liegt, mit enger Röhre, oder in der Kantonshauptstadt mit breiterer Röhre. Ich hielt es für naheliegend, die Untersuchung in der Nähe zu machen.

Nun liege ich in der engen Röhre (ich hatte nicht in Erinnerung, dass sie soo eng ist!) und kämpfe gegen aufsteigende Panikgefühle an. Auf keinen Fall die Augen öffnen, sage ich mir. Ich muss mich dringend beruhigen, schließlich wird es eine ganze Weile dauern. Aber wie? Innerlich spreche ich mir den Anfang aus Psalm 23 zu: *Der Herr ist mein Hirte. Mir wird nichts mangeln. Er weidet mich auf einer grünen Aue und führet mich zum frischen Wasser.* Dann beginne ich wieder von vorn. Wieder und wieder. Beim frischen Wasser stelle ich mir sehnsüchtig die Weite des Meeres vor. Ich versuche mich an den Duft der Meeresbrise zu erinnern und das Meeresrauschen zu hören. Mit der Zeit werde ich ruhiger.

Der Herr ist mein Hirte. Aber glaube ich auch, dass er ein *guter* Hirte ist? Dass er es *gut* mit mir meint und *Gutes* für mich im Sinn hat, auch wenn alles um mich herum dunkel ist? In Psalm 23 ist zwar nicht explizit vom »guten Hirten« die Rede, aber indirekt, wenn in Vers 6a steht: *Gutes und Barmherzigkeit werden mir folgen mein Leben lang.* Im Neuen Testament – in Johannes 10,11.14 – stellt sich Jesus Christus, der Sohn Gottes, als guter Hirte vor. Jesus Christus ist der personifizierte Beweis dafür, dass der dreieinige Gott wirklich da ist, wie es der Name *Jahwe* verspricht. Ein guter Hirte ist bereit, alles für seine Schafe zu tun. Er ist sogar bereit, *sein Leben für die Schafe herzugeben* (Johannes 10,11). Und er sehnt sich danach, dass seine Schafe seine Stimme hören. Vor Jahren habe ich mit großer Faszination die Ausführungen von W. Phillip Keller über den Psalm 23 aus der Sicht eines Schafhirten gelesen.[14] »Von morgens an bis spät in der Nacht wacht dieser selbstlose Hirte über das Wohlergehen seiner Schafe«[15], schreibt Keller über die Fürsorge eines guten Schafhirten. »Der Hirte scheut weder Mühe noch Arbeit, um seine Schafe mit dem besten Futter, dem saftigsten Weideland, mit ausreichender Winternahrung und reinem Wasser zu versorgen. Er scheut keine Mühe, um eine Unterkunft vor dem Sturm für sie bereitzustellen und sie vor Raubtieren, vor Krankheiten und Parasiten […] zu schützen.«[16] Als guter Hirte steht er seinen Schafen schützend zur Seite – in Sturm und Hitze, auf Höhen und in dunklen Tälern. Wie kann es sein, dass ich die Gegenwart des guten Hirten in meinem Leben manchmal überhaupt nicht wahrnehme? Andererseits stelle ich mir vor, dass es einem Schaf mitten im tobenden Sturm oder im Dunkel

---

14 Keller, W. Phillip, 2021. *Psalm 23: Aus der Sicht eines Schafhirten.* 5. Auflage. Asslar: Gerth Medien.

15 Keller, 2021, S. 30.

16 Ebd.

der Nacht auch nicht immer leichtfallen mag, seinen Hirten zu sehen oder seine Stimme zu hören.

Mir wird nichts mangeln. Was für eine Aussage. Und wie verhält sie sich zu meinem Mangel-Empfinden der Vergangenheit und Gegenwart? Meinem gefühlten Mangel an Kraft, Gesundheit, Geduld, Zuversicht und vielem mehr? Meiner schmerzlich empfundenen Mangelhaftigkeit in meinen Lebensrollen und Aufgaben, weil meine physischen und psychischen Grenzen manchmal so eng sind? Der Blick in das Leben von David offenbart tragische Abgründe und existenzielle Nöte. Von Freunden verraten, von seinem geliebten Sohn verfolgt, die Erfahrung tiefster Einsamkeit und Traurigkeit. *Mir wird nichts mangeln* steht demnach nicht für ein Leben ohne Nöte und Schmerz, sondern ist Ausdruck eines kindlichen Vertrauens in die ganzheitliche Fürsorge des guten Hirten. Jenes Hirten, der gekommen ist, um seinen Schafen *»Leben zu bringen – Leben in ganzer Fülle«* (Johannes 10,10). Weil ER selbst das Leben und die Fülle in Person ist. Möge es mir gelingen, mich für eine Weile an das Versprechen zu klammern, dass ER da ist. Mitten in der Gebrochenheit meiner Situation und dem belastenden Gefühl der Mangelhaftigkeit.

Philipper 4,19 (LUT)
Mein Gott aber wird all eurem Mangel abhelfen nach seinem Reichtum in Herrlichkeit in Christus Jesus.

Hoffnungsschimmer:

Jesus Christus, ich klammere mich an das Versprechen, dass Du als guter Hirte bei mir bist. Ich traue Dir zu, dass Du es gut mit mir meinst und Deine guten Absichten über meinem Leben stehen. Ich will Deine Fürsorge respektieren und dankbar annehmen.

21. SCHÄTZE DER DUNKELHEIT ENTDECKEN

Glücklich sitze ich im Sand und blicke aufs Meer hinaus. Ein Anblick, an dem ich mich nie sattsehen werde. Genauso wenig wie ich mich je am Meeresrauschen satthören könnte. Was für ein Segen, dass wir es wieder mal ans Meer geschafft haben. Zuvor etwas angespannt, weil wir nicht wussten, wie ich die Reise schmerzmäßig überstehen würde. Doch nun sind wir da. An meinem Sehnsuchtsort. Die endlose Weite, geheimnisvolle Tiefe und Unergründbarkeit des Ozeans rühren etwas in mir an, das schwer in Worte zu fassen ist. Aber es ist zutiefst heilsam. Das Meer erdet mich, wühlt auf, tut wohl und weh, verändert meine Sicht der Dinge, beflügelt mich, wirkt überaus inspirierend, setzt mein Leben in Perspektive und verbindet mich mit dem Ewigen. Die unendlichen Wassermassen lassen mich über Gottes Größe, Schönheit und Heiligkeit sinnieren und stellen mein einseitiges Urteil über die Dunkelheit auf den Prüfstand. Ist es nicht unglaublich, wie viel Farbenpracht und Kreativität in den Untiefen der Meere verborgen sind? Faszinierende Unterwasser-Dokumentationen versetzen mich immer wieder neu ins Staunen. Vor allem wenn man bedenkt, dass es immer dunkler wird, je tiefer man in den Ozean eindringt. Das Meer ist der beste Beweis dafür, dass Dunkelheit auch ein Ort der Schönheit und der Lebendigkeit sein kann. Natürlich nicht nur. Aber auch. Dasselbe gilt für den nächtlichen Sternenhimmel, dessen Sterne umso heller leuchten, je dunkler es ist.

Wie sehr sich doch meine Vorstellung der Dunkelheit in den vergangenen Monaten verändert hat! Dazu beigetragen hat unter anderem ein Buch von Barbara Brown Taylor, das viel zu lange ungelesen auf einem meiner Bücherstapel lag: *Learning to Walk in the Dark*[17] *(Lernen, im Dunkeln zu gehen).* Ausgehend von frühchristlichen Gebeten und Texten zeigt die Autorin auf, dass Dunkelheit im Christentum – damals wie heute – oft einseitig negativ mit dem Bösen assoziiert wird, während das Gute im Gegensatz dazu in Verbindung mit Licht und Helligkeit steht. Das geht so weit, dass Gott – mit Bezug auf Bibelstellen wie 1. Johannes 1,5 – einseitig dem Licht und Satan, als Gottes Gegenspieler, der Dunkelheit zugeordnet wird. Das ist insofern problematisch, als es zur irrigen Schlussfolgerung führen kann, dass Gott in Zeiten der Dunkelheit abwesend ist. Wenn man sich 1. Johannes 1,5b (LUT) jedoch genau anschaut, steht da lediglich: *Gott ist Licht, und in ihm ist keine Finsternis.* Dass keine Finsternis *in* Gott ist, bedeutet im Umkehrschluss jedoch nicht, dass Gott nicht auch *in der Finsternis* gegenwärtig ist! Der gute Hirte wandert an der Seite seiner Schafe durchs dunkle Tal. Auch in der Finsternis ist Gott da. Nicht weil er uns dabei helfen will, dieses dunkle Tal so schnell wie möglich hinter uns zu lassen, sondern um uns mitten in der Dunkelheit die Augen für geistliche Schätze zu öffnen.

Neulich stieß ich in der Bibel auf eine interessante Formulierung. Und zwar in der faszinierenden Geschichte des Perserkönigs Kyros, der von Gott auserwählt wurde,[18] um eine Zeit der Wiederherstellung für das Volk Israel einzuläuten. Ihm verspricht Gott in Jesaja 45,3a, dass er ihm (wörtlich aus dem Hebräischen übersetzt) »Schätze der Dunkelheit« geben werde als Bestätigung dafür, dass es Jahwe, der Gott Israels, sei, der ihn bei seinem Namen ruft. Auch wenn in der Geschichte mit Kyros in erster Linie von materiellen Schätzen die Rede ist, glaube ich, dass Gott dies auch in geistlicher Hinsicht in unserem Leben tun will.

Der dreieinige Gott ist Herr über Licht und Dunkelheit. Selbstverständlich gilt es im Hinblick auf Dunkelheit zu differenzieren.

---

17 Brown Taylor, Barbara, 2014. *Learning to Walk in the Dark.* New York: HarperOne.

18 In Esra 1,1 steht, dass Gott den Geist von Kyros »erweckt« hat.

Denn es existiert auch eine Dunkelheit, die mit dem Bösen in Verbindung steht. Und doch meine ich, eine Art »heilige Dunkelheit« in der Bibel zu erkennen. Wobei Dunkelheit in vielen Fällen sinnbildlich für das göttliche Geheimnis und die Unverfügbarkeit Gottes steht.

Gott spricht in der Wüste *mitten aus dem Feuer, dem Gewölk und dem Dunkel mit gewaltiger Stimme* zu seinem Volk (5. Mose 5,22; ELB). Laut Jesaja 45,7 hat er nicht nur das Licht erschaffen, sondern auch die Dunkelheit gemacht. Das Allerheiligste im Tempel war ein fensterloser, dunkler Raum ohne jegliche Lichtquelle. Jahwe selbst hatte gesagt, *er wolle im Dunkel wohnen* (1. Könige 8,12b; LUT). *Dir war ich nicht verborgen, als ich Gestalt annahm, als ich im Dunkeln erschaffen wurde,* singt David in Psalm 139,15a. Im Dunkeln geschehen geheimnisvolle und bedeutsame Dinge. So beginnt zum Beispiel die Erwählungsgeschichte mit dem Volk Israel damit, dass Gott Abraham aus dem Zelt nach draußen führt und ihm den Sternenhimmel zeigt – als Sinnbild dafür, wie zahlreich seine Nachkommen sein werden. In Hiob 35,10 (LUT) ist davon die Rede, dass Gott *Lobgesänge gibt in der Nacht*. Lieder, die nie gesungen worden wären, wenn es im Leben keinerlei Schmerz und Dunkelheit gäbe. Dunkelheit lenkt den Fokus auf uns selbst. Damit Saulus seinen Irrweg erkannte, ließ Jesus ihn vorübergehend erblinden (Apostelgeschichte 9). Im Dunkeln gewann er den Durchblick und wurde für immer verändert.

Die Dunkelheit ist ein Ort, den man sich meist nicht freiwillig aussucht. Aber ich spüre, dass mir trotz allem Schmerz die Wahl bleibt, in welcher Haltung ich der Dunkelheit begegne. Was, wenn ich die Suche nach einem Ausgang aus dem dunklen Tal und einem Leben danach als einzig erstrebenswertes Ziel loslasse? Was, wenn ich aufmerksamer in der Dunkelheit Ausschau halte? Welche Schätze könnten in *meiner* Dunkelheit verborgen liegen? Wird tiefer Glaube womöglich in jenen dunklen Tiefen geboren, wo menschliche Fassungslosigkeit, Haltlosigkeit und Ohnmacht auf Gottes Allmacht, Heiligkeit und Liebe treffen? Das nächste Lied in meiner Playlist ist *Oceans*. Es könnte nicht besser zu diesem Ort und meinen Überlegungen passen: »Du rufst mich aufs Wasser heraus. Das große Unbekannte, wo Füße versagen können. Und da finde ich dich im Geheimnisvollen. In den Tiefen der Ozeane wird mein Glaube bestehen.«[19]

Jesaja 45,3 (eigene Übers.)
Ich gebe dir Schätze der Dunkelheit – geheime Reichtümer. Das alles tue ich, damit du weißt, dass ich der HERR bin, der Gott Israels, der dich bei deinem Namen ruft.

Hoffnungsschimmer:

Allmächtiger Schöpfer, der Du im Dunkel der Nacht Sterne leuchten lässt und im Dunkeln neues Leben schaffst, hilf mir dabei, Dunkelheit nicht als einen Ort der Gottesferne, sondern als Ort der besonderen Gottesnähe zu erkennen. Lass mich mitten in der Dunkelheit, mitten in allem Schmerzlichen und Unverständlichen Deine verborgenen Schätze finden.

---

19 Übers. D. Sommer. Originaltext: »You call me out upon the waters / The great unknown / Where feet may fail /And there I find You in the mystery / In oceans deep /My faith will stand.« Link zum Lied *Oceans* mit deutschen Untertiteln: https://tinyurl.com/3rwstkuj [Stand: 10.10.2022].

22. PERLEN-WUNDER

der Schmerz
an mir
in mir

zeigt sich

allesverzehrend

kräfteverzehrend
nächteverzehrend
hoffnungsverzehrend
träumeverzehrend
lebensverzehrend

der Schmerz
an mir
in mir

zwingt mich

erbarmungslos

in die Knie
in die Dunkelheit
in die Einsamkeit
in die Traurigkeit
in die Tiefe

die Tiefe
vor mir
in mir

verbirgt

rätselhaftes

leidvoll begonnen
qualvoll verändert
verborgen gereift
einmalig geformt
achtlos verkannt

die Tiefe
vor mir
in mir

enthüllt

wunder-volles

durchlittene Jahre
bezwungenes Dunkel
verwandelter Schmerz
verletzliche Schönheit
kostbare Perle

Die Natur ist das beste Beispiel dafür, dass Gott im Dunkeln geheimnisvoll wirkt. Daran erinnert mich auch die Muschel, die im Sand vor mir liegt. Eine Verletzung an der Muschel kann zum Ausgangspunkt für ein Perlen-Wunder werden.

Körperliche und seelische Verletzungen verändern das Muschelgefüge meines Lebens. Die Aufmerksamkeit richtet sich von außen nach innen. In der Isolation werden mein Leben und meine Prioritäten auf den Prüfstand gestellt. Die Verletzung erfordert eine Reaktion von meiner Seite. Ich bin herausgefordert, mich dem Schmerz zu stellen und einen Weg mit dem Schmerz zu finden. Einen Weg, an dem ich nicht zerbreche, sondern an dem ich letztlich wachse und reife. Nur so können meine Wunden am Ende eines langen Prozesses mit Gottes Hilfe in Perlen verwandelt werden.

Es entspricht Gottes Sehnsucht, Schmerz in Schönheit zu verwandeln. In seiner Antrittsrede in Nazareth las Jesus Christus einen Abschnitt aus Jesaja 61. Voller Kraft und Würde zeugt die gesamte Textpassage von der göttlichen Sehnsucht, Neues zu schaffen und Zerbrochenes wiederherzustellen. In der Übersetzung *Hoffnung für alle* ist Jesaja 61,1-3 überschrieben mit: *Die Trauerzeit ist vorbei*. Gottes Sohn wurde Mensch, um gebrochene Herzen zu heilen und Gefangene zu befreien. Jesus kam, um die Leidenszeit zu beenden, Trauernde zu trösten und Niedergedrückte aufzurichten. Die Asche der Verzweiflung soll durch festlichen Kopfschmuck (wörtlich durch einen Turban)[20] ersetzt, Trauergewänder sollen gegen duftendes Öl ausgetauscht und Mutlosigkeit soll in Jubel verwandelt werden. Jesus Christus ist die sehnsüchtige Einladung Gottes zur Wiederherstellung einer gebrochenen Welt. Eine Einladung, die nicht nur seinem Volk oder den Zeitgenossen von Jesus galt, sondern eine Einladung, die bis in die Gegenwart hineinreicht und auch dir und mir gilt: Jesus möchte dich

20 »Turban statt Asche« ist im Hebräischen ein Wortspiel. Der Turban ist in diesem Zusammenhang vor allem Zeichen fehlender Trauer und somit ein Zeichen der Freude. Daneben gehört er ausdrücklich zur Priesterkleidung.

in deinem Leid trösten und dich aus den Trümmern deines Lebens in eine verheißungsvolle Zukunft führen. Er möchte dein Trauergewand gegen ein Festkleid eintauschen. Er sehnt sich danach, im Schmerz und Leid deines Lebens Schönheit hervorzubringen. Nicht der Schmerz soll in deinem Leben das letzte Wort haben, sondern der lebendige Gott.

Das klingt jetzt vielleicht alles schmerzlich zukünftig. Meinem Gedicht gab ich ursprünglich nicht die Überschrift »Perlen-Wunder«, sondern »Schmerz in mir«. Es ist nicht so, dass ich die Perlen meines Schmerzes schon in ausgereifter Form vor mir sähe. Vielmehr ist es Ausdruck der Sehnsucht und Hoffnung, dass dies eines Tages geschehen wird.

Psalm 30,12 (HFA)
Du hast mein Klagelied in einen Freudentanz verwandelt. Du hast mir die Trauerkleider ausgezogen und mich mit einem Festgewand bekleidet.

Hoffnungsschimmer:

Jesus Christus, ich sehne mich danach, in Dein göttliches Tauschgeschäft einzusteigen: Verwandle meinen Schmerz in Schönheit. Mein Klagelied in einen Freudentanz. Meine Gefangenschaft in Freiheit. Meine Verzweiflung in Hoffnung. Meine Mutlosigkeit in Jubel. Und gib mir Gelassenheit und Geduld während dieses Prozesses. Damit ich nicht voreilig aus dem Tauschgeschäft aussteige. Schenk mir die nötige Geduld und das Vertrauen, dass Du am Wirken bist auch dann, wenn ich nichts davon sehe oder spüre.

23. NEUE LEBENSKRAFT

So vieles habe ich mir für den heutigen Tag vorgenommen. Doch wie so oft hinke ich entmutigend weit hinter meinen Plänen her. Das Hauptproblem: Ich fühle mich frustrierend kraftlos. Als ob ein Marathon hinter mir läge oder jemand aus Versehen den Stecker meiner Lebensenergie gezogen hätte. Der Gedanke daran, was ich heute alles tun sollte, lähmt mich noch mehr. Im Umgang mit meiner Schmerzsituation gehört das Gefühl von Kraftlosigkeit zu meinen Hauptproblemen. Dabei darf man nie vergessen – und ich muss mich selbst immer wieder mal daran erinnern –, dass die Bewältigung von Schmerz (sei es körperlich oder seelisch) im Grunde genommen jeden Tag ein Kraftakt ist. Die Erschöpfung, die hieraus resultiert, ist für mein Umfeld meist nur schwer nachvollziehbar. Wie soll ich erklären, dass es Tage gibt, an denen ich selbst für einen Einkauf, einen Anruf, einen Besuch oder eine wichtige E-Mail keine Kraft habe? Andererseits muss ich mich selbstkritisch hinterfragen, wo ich meine Kraftlosigkeit vielleicht bloß vorschiebe, weil ich mich (bewusst oder unbewusst) vor gewissen Dingen drücke oder mir einfach alles zu viel ist. Wo wäre es notwendig, mich aufzuraffen, um dem Strudel des Selbstmitleids und der Lethargie entgegenzuwirken? In gewissen Momenten verurteile ich mich aufs Härteste für diese Kraftlosigkeit und schäme mich dafür – vor anderen Menschen, aber auch vor Gott. Dabei wird mir bewusst, wie sehr ich mich über das definiere, was ich tue – auch in geistlicher Hinsicht. Und ich stehe in der Gefahr zu vergessen, dass für Jesus nicht mein Tun oder meine Leistung wichtig ist, sondern ich selbst in meinem ganzen Sein.

Besonders eindrücklich zeigt dies die Geschichte von Elia. Unglaublich, was Elia laut 1. Könige 18 alles mit Gott erlebt hat: den

Triumph auf dem Karmel mit göttlichem Feuer vom Himmel. Das Ende einer dreieinhalbjährigen Trockenzeit auf sein Gebet hin. Einen 30-Kilometer-Lauf im Regen in göttlicher Energie, schneller als der königliche Wagen. Elia war wie entfesselt. Doch bloß ein Kapitel nach diesen unglaublichen Erlebnissen finden wir Elia unter einem Ginsterstrauch. Zu Tode geängstigt von der Morddrohung der Königin Isebel. Von allen Lebensgeistern verlassen. Kraftlos und lebensmüde. Nach dem geistlichen Höhenflug und der körperlichen Höchstleistung fällt er in sich zusammen wie ein Häufchen Elend. Er kann nicht mehr und will nicht mehr. In Jakobus 5,17a (ELB) heißt es später: *Elia war ein Mensch von gleichen Gemütsbewegungen* [oder Empfindungen] *wie wir*. Letztlich war auch dieser große Prophet nur ein verletzlicher Mensch. Es berührt mich, wie Gott ihm in dieser Situation begegnet.

In einem *ersten Schritt* (1. Könige 19,5-7) wird Elias erschöpfter Körper neu gestärkt. Gott sagt nicht zu ihm: Jetzt lass dich nicht so hängen – nicht nach all den Wundern, die ich vor deinen Augen getan habe! Nein, er schickt seinen Engel mit Brot und Wasser, der Elia sanft berührt. Behutsam und liebevoll nähert sich der dreieinige Gott seinem Diener Elia: *»Steh auf und iss!«* Gott sieht, was Elia jetzt dringend braucht. In einem *zweiten Schritt* (Vers 9-10) darf Elia sein Herz ausschütten. Gott lässt es zu und zeigt sich nicht empört über seine Klagen. In einem *dritten Schritt* (Vers 11) spricht Gott in einem leisen Säuseln sanft und behutsam mit Elia und bestätigt ihm, dass er immer noch an seiner Seite ist. Erst als Elia wieder bei Kräften ist, gibt Gott ihm in einem *letzten Schritt* einen neuen Auftrag (Vers 15). Er soll einen König salben und einen Nachfolger berufen.

An welchem Punkt finde ich mich in dieser Geschichte wieder? Und wie ist es bei dir? Damit Elia am Ende der Geschichte einem neuen Auftrag nachgehen kann, sind alle vorherigen Schritte erforderlich. Ich selbst wünsche mir am heutigen Tag vor allem neue Lebenskraft. Elia wurde auf übernatürliche Weise mit Nahrung versorgt. Zu einem solchen göttlichen Lieferservice würde auch ich nicht Nein sagen. Ähnlich faszinierend wurde das Volk Israel in der Wüste mit Himmelsbrot ernährt (Psalm 105,40). Wie genau meine Lebenskräfte gestärkt werden sollen, weiß ich nicht. Es braucht mit Sicherheit mehr als gesunde Nahrung, Nahrungsergänzungsmittel oder anderes. Das Kräfteproblem greift tiefer.

Gemäß Psalm 23,3 kennt der gute Hirte eine Lösung. *Er erquickt meine Seele* kann man aus dem Hebräischen auch übersetzen mit: »Er stellt meine Lebenskraft wieder her« oder »Mein innerstes Wesen erneuert er«. Das hebräische Wort *näfäsch*, das man mit Seele, Lebensatem oder Kehle übersetzen kann, steht auch für das innerste Wesen, die Lebenskraft, Vitalität, Lebendigkeit, den Kern einer Person. Jesus Christus, der gute Hirte, wird demzufolge Wege finden, die Lebenskraft seiner Schafe – beziehungsweise seiner Nachfolger – wiederherzustellen. Ihr innerstes Wesen zu erneuern. Ihr ganzes Wesen wieder aufleben zu lassen. Wie er das wohl in meinem Fall tun wird? Ich weiß es nicht. Aber ich will vertrauen, dass er sein Handwerk versteht und mir die nötige Kraft für den heutigen Tag schenken wird. Wie meine Mama früher zu sagen pflegte: »Wie der Tag, so die Kraft.« Damit auch in meinem und deinem Leben Wirklichkeit wird, was den Pilgern verheißen wurde, die auf dem Weg zum Tempel das Tränental (Tal von Baka) durchqueren mussten (Psalm 84,7): *Sie gehen von Kraft zu Kraft* (Psalm 84,8; ELB).

Psalm 23,3a (EU)
Meine Lebenskraft bringt er zurück.
Jesaja 66,14a (HFA)
Wenn ihr das alles seht, werdet ihr wieder von Herzen fröhlich sein, und neue Lebenskraft wird in euch aufkeimen wie frisches Gras.

Hoffnungsschimmer:

Herr, ich will Dir vertrauen, dass Du Wege und Möglichkeiten hast, mein Innerstes zu berühren und zu erneuern. Ich will vertrauen, dass meine Kraft für das ausreicht, was am heutigen Tag dran ist, und will mich nicht beklagen über das, was ich nicht hinkriege. Lass mich spüren, was heute auf dem Plan steht: körperliche Erholung oder eine Kampfansage gegen meine Lethargie.

24. EL-ROÏ, DER GOTT, DER MICH SIEHT

Winkend versuche ich meinem Mann anzuzeigen, wo ich bin. Ein schwieriges Unterfangen im Gedränge der Menschenmenge, die mich verschluckt und im Zeitlupentempo vorwärtsschiebt. Im Versuch, möglichst wenig Aufsehen zu erregen, kämpfe ich mich entschuldigend und winkend durch die Menschenmenge in seine Richtung. Endlich entdeckt er mich und kommt nun auch mir entgegen. Auf dem Nachhauseweg muss ich noch kurz etwas erledigen. In einem Bürogebäude treffe ich im sonst menschenleeren Gang auf einen Bekannten. Ich mache mich bemerkbar und grüße ihn. Er nickt kurz und unbeteiligt, als ob ich eine Unbekannte wäre. Auf dem Weg nach Hause zerbreche ich mir den Kopf über diese seltsame Begegnung. Habe ich mich derart verändert, dass ich nicht mehr zu erkennen bin? Könnte es sein, dass ich ihn irgendwann verärgert habe und er daher bewusst so abweisend reagiert hat? Oder war er einfach in Gedanken vertieft? Ob wohl alles in Ordnung ist mit ihm?

Wenn wir uns von Menschen übersehen fühlen, ist dies schmerzhaft. Und schnell kann es geschehen, dass wir unser Erleben auf menschlicher Ebene auch auf unsere Gottesbeziehung übertragen. Gerade in Wüstenzeiten des Lebens, wenn wir die Orientierung verlieren und uns erdrückende Einsamkeit umfängt, drängt sich schnell einmal die Frage auf: Hat Gott mich wohl aus den Augen verloren? Verzweifelt versuche ich, ihn auf mich aufmerksam zu machen. Doch er scheint nicht darauf zu reagieren.

Wenn man in der Bibel liest, wird schnell deutlich, dass die Wüste ein bedeutsames Motiv ist. Erstaunlich viele Menschen, von denen die Bibel berichtet, haben Wüstenzeiten durchlebt. Angefangen mit Mose und dem Volk Israel, das vierzig Jahre lang in der Wüste im Kreis ging. Einige wählten diesen Zielort aus freien Stücken. Selbst Jesus begab sich einmal für vierzig Tage in die Wüste. Die junge, schwangere ägyptische Sklavin Hagar war so verzweifelt, dass sie in die Wüste floh (1. Mose 16). Bloß weg aus ihrer demütigenden Lebenssituation. In der Wüste, mitten in ihrer Verzweiflung, begegnete ihr der lebendige Gott. Er sprach mit ihr und nahm ihre Not ernst. Berührt gab sie Gott einen Namen, der sonst nirgendwo in der Bibel zu finden ist: »El-Roï«, *der Gott, der mich sieht* (1. Mose 16,13; LUT). Gott hatte alles gesehen und gehört: die Ungerechtigkeit, die Hagar widerfahren war, und ihr Jammern. Er überließ sie nicht ihrem Schicksal und ihrer Einsamkeit. Am Tiefpunkt ihres Lebens war er da. Und sah. Selbst als sie davonlief, um sich vor ihrer Herrin und dem Rest der Welt zu verstecken, folgte er ihr. Durch seinen Engel fragte Gott sie, wieso sie davongelaufen sei. Er gab ihr ein Versprechen und erinnerte sie an ihre Bestimmung. Aus diesem Grund nannte Hagar ihn den *Gott, der mich sieht!*

Dies blieb allerdings nicht ihre einzige Wüstenerfahrung. Fünf Kapitel später – in 1. Mose 21,8-19 – lesen wir, dass Hagar und Ismael nach der Geburt von Isaak in die Wüste vertrieben wurden. Auf Initiative von Sara – und Abraham ließ es zu. Und Gott auch. Eine schwierige Geschichte. Vieles daran ist unverständlich. Ismael war zu jenem Zeitpunkt ein Teenager, also mindestens dreizehn Jahre alt. Das Wasser reichte nicht lange und die Verzweiflung wuchs. Schließlich legte Hagar ihren Sohn unter einen Strauch und wandte sich weinend ab, weil sie nicht mit ansehen konnte, wie er starb. Wo war er jetzt, der Gott, der sie sieht? Der Gott, der ihr Jahre zuvor in derselben Wüste begegnet war? Doch dann zeigte er sich ihr erneut und sprach durch einen Engel zu ihr: »Hagar, ich habe dich nicht aus den Augen verloren. Ich bin da. Und ich habe noch viel vor mit dir und deinem Sohn. Ich werde ihn zu einem großen Volk machen.« Der Engel lenkte Hagars Blick auf einen Brunnen. Ismaels und ihr Leben waren gerettet.

Du bist ein Gott, der mich sieht! Wie leicht geht uns das über die Lippen, wenn es uns gut geht und wunderbare Dinge in unserem Leben geschehen. Doch wie schwer und bitter werden diese Worte, wenn wir fast am Leben verzweifeln. Trotzdem hat diese Tatsache bis heute nichts von ihrer Gültigkeit verloren. Genau dann, wenn es scheint, als hätte er uns vergessen, gilt: Gott sieht mich! Gott sieht dich!

Die Wüste ist kein Ort, an dem Gott dich bestrafen will oder dir seine Liebe entzieht, sondern wo er dir begegnen, dein Herz berühren und heilen möchte. In Hosea 2,16 (LUT) sagt Gott im Hinblick auf sein untreues Volk, dass er es *in die Wüste führen und freundlich* mit ihm reden will. El-Roï, der Gott, der alles sieht, kennt deine Vergangenheit, Gegenwart und Zukunft. Er wird dich nicht deiner Not überlassen, sondern rechtzeitig eingreifen, dich trösten, retten und dir eine neue Perspektive schenken.

Psalm 139,3 (HFA)
Ob ich gehe oder liege – du siehst mich,
mein ganzes Leben ist dir vertraut.

Hoffnungsschimmer:

Ganz ungewollt bin ich in der Wüste gestrandet. Ich fühle mich verletzlich, verwundbar und bin unsicher, ob Du – himmlischer Vater – mich tatsächlich noch im Blick hast. Bitte begegne mir auf eine so persönliche Weise, dass mein Herz erkennt, dass Du mich siehst.

25. BEHERZTES VERTRAUEN

Fasziniert beobachte ich, wie Nebelschwaden in erstaunlicher Geschwindigkeit vorbeigleiten. Sie sind so dicht, dass ich bis jetzt keinen Blick auf die Schönheit, die hinter ihnen liegt, erhaschen konnte. Ein Ehepaar, das eben angereist ist, steht mit mir auf der Terrasse, um das Schauspiel zu beobachten. Sie fragen mich, was von hier aus genau zu sehen sei. Gerne beschreibe ich es ihnen, da ich nicht zum ersten Mal an diesem Ort bin. Vom Fuße eines malerischen Sees erhebt sich eine majestätische Bergkette, die mich immer wieder neu ins Staunen versetzt. Eine Vielzahl von Fotos ist der Beweis für ihre Existenz. Das Ehepaar wartet ungeduldig, dass der Nebel aufreißt und auch sie diese Schönheit zum ersten Mal bewundern können. Ein eindrückliches Sinnbild für das menschliche Vertrauen. Hinter den Nebelbänken, die meinen Blick verschleiern, liegt die erhabene, majestätische Schönheit, Allmacht und Gnade Gottes. Bloß Nebel zu sehen, bedeutet keineswegs, dass die dahinterliegende Schönheit verschwunden ist, sondern lediglich, dass meine Sichtweite zurzeit eingeschränkt ist.

Dies erinnert mich an ein Erlebnis ungefähr vier Wochen nach meiner Rückenoperation. So oft hatte ich in den Jahren vor Beginn meiner Schmerzgeschichte in Referaten über das Vertrauen gesprochen. Doch nun lag ich entmutigt im Bett und fühlte mich wie eine Schülerin, die das Alphabet neu lernen muss. Wobei es in Wirklichkeit um sehr viel mehr ging als darum, ein neues Wort zu lernen. Meine existenzielle Sinnkrise bot die Möglichkeit, zu einem tieferen Verständnis von Vertrauen durchzudringen. Zweifel nagten an meinem Herzen. Wie sollte Gott es gut mit mir meinen, wenn er mich diesen Schmerzen aussetzte, ohne einzugreifen? Meine Gedanken drehten sich in einer Negativspirale wie auf einer

Wasserrutschbahn und führten mich direkt ins Becken des Selbstmitleids. Darin badete ich eine ganze Weile. Doch das war gefährlich. Überall lauerten Strudel, die mich in die Tiefe ziehen wollten. Ich spürte: Es liegt an mir, ob ich mich weitertreiben lasse oder aus dem Becken steige. Ich habe die Wahl. Unter Tränen sprach ich im abgedunkelten Schlafzimmer laut mit Jesus: »Jesus, ich will vertrauen, dass du es gut mit mir meinst. Auch wenn ich im Moment nichts davon fühle. Ich will vertrauen, dass du mich liebst. Auch wenn du im Moment weit entfernt scheinst. Und ich will vertrauen, dass du weiter siehst als ich; dass das, was ich jetzt erlebe, irgendwie Sinn macht im großen Bild, das du für mein Leben vor dir siehst.« Es ist nicht so, dass jener Moment alles verändert hätte. Aber es wurde mir wie nie zuvor bewusst, dass Vertrauen eine Entscheidung ist, die ich immer und immer wieder neu treffen muss.

Daher ist Vertrauen letztlich Herzenssache. In der Bibel steht das Herz stellvertretend für das Innere eines Menschen, für unser ureigenstes Wesen. Was in unserem Herzen ist und wie wir damit umgehen, prägt alles an uns: unser Handeln, Denken, Fühlen, Entscheiden, unsere Identität, den Charakter, die Persönlichkeit. Kein Wunder, dass die Bibel immer wieder an die Wichtigkeit des Herzens erinnert. Zum Beispiel in Sprüche 4,23 (NLB): *Vor allem aber behüte dein Herz, denn dein Herz beeinflusst dein ganzes Leben.*

Im Buch *Verwegenes Vertrauen* erklärt Brennan Manning, dass sich Vertrauen »irgendwann im Laufe des Lebensweges eines reifenden Christen [...] aus der Verbindung von Glaube und Hoffnung« entwickelt.[21] Glaube entstehe in der Beziehung zu Jesus Christus. Hoffnung bedeute, sich auf die Versprechen von Jesus zu verlassen und zu erwarten, dass sich jene tatsächlich erfüllen. Vertrauen schließlich sei »die fröhliche Hochzeit zwischen Glaube und Hoffnung«.[22]

In schwierigen Zeiten wird mutiges und beherztes Vertrauen

---

21 Manning, Brennan, 2002. *Verwegenes Vertrauen: Ergreifen, was Gott uns schenkt.* Wuppertal: R. Brockhaus. Edition Aufatmen, S. 31.

22 Manning, 2002, S. 82.

auf Gott und seine Güte zu einer großen Herausforderung. Dies gilt insbesondere für das Vertrauen in den verborgenen Gott, den »Deus absconditus«. Eine Bezeichnung, die auf den Propheten Jesaja zurückgeht: *Wahrhaftig, du bist ein verborgener Gott* (Jesaja 45,15a; EU).[23] Hier beginnt Vertrauen mit der Erkenntnis, dass Gottes Verborgenheit nicht seine Abwesenheit bedeutet!

Während ich noch all meine Warum-Fragen stelle, höre ich Jesus fragen: Vertraust du mir, dass ich größer bin als dein Schmerz? Dass ich immer bei dir bin? Dass dein Leben in meiner Hand liegt und ich mich um dich kümmere? Jesus immer wieder neu mein Vertrauen zu schenken, ist die schönste Liebeserklärung, die ich ihm machen kann.

In diesem Moment reißt die Nebelwand auf. Für einen Moment lässt ein Nebelfenster etwas von der herrlichen Bergwelt dahinter erahnen. Das Ehepaar neben mir ist begeistert. Ich freue mich mit ihnen und denke innerlich: Sie haben ja erst einen Bruchteil gesehen. Wie werden sie erst staunen, wenn sich der Nebel ganz aufgelöst hat!

Hebräer 11,1 (NLB)
Was ist nun also der Glaube? Er ist das Vertrauen darauf, dass das, was wir hoffen, sich erfüllen wird, und die Überzeugung, dass das, was man nicht sieht, existiert.

---

23 In der Vulgata (= lateinische Übersetzung der Bibel) steht für »verborgener Gott« die lateinische Formulierung »Deus absconditus«, die später z. B. von Martin Luther in theologischen Abhandlungen aufgegriffen und diskutiert wurde.

Hoffnungsschimmer:

Jesus Christus, ich will Dir vertrauen! Hilf meinem Misstrauen und Unglauben! Demütig gestehe ich ein, dass ich nicht einmal in der Lage bin, aus eigener Kraft zu vertrauen. Sogar hierfür bin ich auf Deine Hilfe angewiesen. Doch was ich tun kann, ist dies: In diesem Moment will ich Dir mein Vertrauen schenken und mich gegen mein Selbstmitleid und meine Zweifel entscheiden. Ich will vertrauen, dass Du da bist und für mich sorgst.

26. ENTLARVTE WORTHÜLSEN

Rolf und ich sitzen bei Kerzenschein im Wohnzimmer auf dem Sofa und widmen uns schweigend dem Knacken von Erdnüssen. Ein Ritual, das in den Wintermonaten einfach dazugehört. Draußen fallen zarte Schneeflocken, was unserer Zweisamkeit eine feierliche Note verleiht. Als ich vorhin die spanischen Nüssli, wie wir in der Schweiz sagen, bereitstellte, ist mir eine besonders eindrückliche Erdnuss aufgefallen. Ihrem Äußeren zufolge müsste sie mindestens drei kleine Nüsse enthalten. Sicher verwahrt in der Tasche meines Schlafanzugs wartet sie auf ihren großen Auftritt: den krönenden Abschluss meiner heutigen Erdnuss-Knackerei. Rolf ist wie üblich schneller fertig als ich. Endlich bin auch ich so weit. Als Rolf aufsteht, um unsere Schälchen wegzuräumen, heiße ich ihn innezuhalten. Stolz ziehe ich meine Wunder-Erdnuss hervor und lasse sie gebührend von ihm bewundern. Mit Druck öffne ich die Erdnuss langsam auf der ganzen Länge, bevor ich die obere Hälfte entferne. Oje. Was für eine Enttäuschung! Was von außen derart verheißungsvoll aussah, entpuppt sich als leere Hülse mit einem verkümmerten Etwas. Den krönenden Abschluss hatte ich mir definitiv anders vorgestellt.

Immerhin wird die leere Hülse zum Ausgangspunkt für ein spannendes Gespräch mit Rolf. Denn sie erinnert mich an Prozesse, die ich in den vergangenen Schmerzjahren durchlebt habe. Ähnlich wie meine Dreifach-Erdnussschale können auch fromme Begriffe und Formulierungen auf den ersten Blick manchmal beeindruckend und verheißungsvoll wirken. Doch in Zeiten der

Dunkelheit, Schwierigkeiten, des Schmerzes und Leides gerät das eindrucksvolle Äußere unter Druck. Wenn alles auseinanderbricht, wird sichtbar, was tatsächlich unter der schönen Schale, respektive hinter der frommen Fassade verborgen liegt. Und dies kann äußerst ernüchternd sein.

Solange die Dinge in unserem Leben mehr oder weniger rundlaufen, wir Gottes Hilfe erleben, sich unsere Kinder gut entwickeln, wir gesund sind, einen sicheren Arbeitsplatz haben und vieles mehr, können wir beschwingt über Vertrauen, Segen, Wunder, Gottes Gnade, Güte und Wunder sprechen. Doch was ist, wenn die Dunkelheit zunimmt? Wenn wir Schicksalsschläge erleben und viele Fragen offenbleiben? Erstaunlich schnell zweifeln wir an Gottes Liebe, Gnade und Güte; wird Vertrauen zu einer wirklichkeitsfernen Theorie; sehen wir uns im Eindruck bestärkt, dass Wunder und Segen nur im Leben von anderen Menschen Realität werden, nicht aber bei uns. Was dann? Dann sind wir auf einer existenziellen Ebene herausgefordert, unsere Glaubensüberzeugungen neu durchzubuchstabieren und leere Worthülsen mit Leben zu füllen. Das kann auf vielerlei Weise geschehen und wird auch nicht bei allen dieselben Begriffe betreffen. Vielleicht beginnt es damit, das eigene Gottesbild auf den Prüfstand zu stellen. Vielleicht gilt es, sich von einem tief verankerten Leistungsdenken zu verabschieden.

Erst im dunklen Tal wurde mir schmerzlich bewusst, wie oberflächlich ich bis dahin unterwegs gewesen war. Und dass ich mich an einem Schönwetterglauben orientiert hatte, der in stürmischen Zeiten sang- und klanglos in sich zusammenfiel. Und so begann ein intensiver, bedeutsamer und heilsamer Prozess, der bis heute andauert.

Bedeutet ein *Wunder* denn ausschließlich, körperliche Heilung zu erfahren? Heute bin ich überzeugt: Wunder haben viele Gesichter. Einige davon scheinen uns vielleicht so selbstverständlich, dass wir sie sogar übersehen. Neben körperlicher Heilung ist es genauso ein Wunder, wenn Jesus Christus einer Person Kraft schenkt, eine Situation auszuhalten. Es ist ein Wunder, wenn

Menschen in Zeiten der Dunkelheit nicht aufgeben, sondern weitergehen, weitervertrauen, weiterkämpfen.

Oder was bedeutet *Segen?* Zeigt sich jener einzig in Form von körperlicher Gesundheit, materiellem Wohlstand oder Erfolg? Göttlicher Segen, hebräisch Schalom, ist so viel mehr. Er ist umfassend und ganzheitlich und zielt auf Vervollständigung ab – die Wiederherstellung von Beziehungen – zu Gott und anderen Menschen. Göttlicher Segen schließt nicht aus, dass Dinge geschehen, die wir nicht verstehen – Zeiten der Krankheit, der Trauer, der Angst, des Schmerzes. Wenn unsere Herzen berührbar bleiben, können schwierige Zeiten sogar zu Segenszeiten für uns werden, weil sie dabei helfen, dass unser Glaube in einer tieferen Dimension gefestigt und geformt wird. Laura Story formulierte es in ihrem berührenden Lied *Blessings (Segnungen)* wie folgt: *Was, wenn Deine Segnungen durch Regentropfen kommen? Was, wenn Deine Heilung durch Tränen kommt? Was, wenn Tausende schlaflose Nächte das sind, was es braucht, um zu wissen, dass Du bei uns bist? Was, wenn Prüfungen in diesem Leben Deine verborgenen Segnungen sind?*[24] Sie schrieb das Lied, nachdem ihr Mann bei einer Tumoroperation sein Kurzzeitgedächtnis verloren hatte. Jesus Christus verspricht uns kein Leben ohne Probleme, aber er verspricht, dass er in allen Nöten bei uns ist und uns hilft. Vielleicht wird unsere Last nicht leichter, aber unser Rücken stärker; unser Problem nicht kleiner, aber unser Vertrauen in Gott größer.

Nachdenklich betrachte ich die leere Erdnusshülse in meiner Hand. Ich will darum ringen, dass die Worte, die über meine Lippen kommen, ein ehrlicher Ausdruck dessen sind, was ich tief in meinem Inneren glaube und erfahre.

---

24 Im englischen Original: »[...] what if Your blessings come through raindrops? What if Your healing comes through tears? What if a thousand sleepless nights are what it takes to know You're near? And what if trials of this life are Your mercies in disguise?«

Hiob 42,5 (HFA)
Herr, ich kannte dich nur vom Hörensagen,
jetzt aber habe ich dich
mit eigenen Augen gesehen!

Hoffnungsschimmer:

Himmlischer Vater, beschämt übergebe ich Dir die Bruchstücke meiner frommen Floskeln, die dem Druck der Dunkelheit und des Schmerzes nicht standhalten konnten. Unter Deiner Anleitung möchte ich die Bruchstücke neu zusammenfügen, damit sie von Dir mit Leben gefüllt werden. Ich will nicht einfach weitersagen, was ich vom Hörensagen weiß, weil andere dies oder jenes über Dich gesagt, geschrieben oder mit Dir erlebt haben. Ich will Dich und Deine Wunder mit eigenen Augen sehen und meine Hände nach Deinem Segen ausstrecken.

27. KRAFTVOLLES LOB-OPFER

Ein weiterer Morgen, an dem mein Klavier stumm geblieben ist und kein Gesang über meine Lippen kam. Das geht nun schon seit Monaten so. Was vorher eine alltägliche Selbstverständlichkeit war, hat mit dem Beginn meiner Rückenschmerzen schlagartig aufgehört und seither nicht wieder eingesetzt. In den ersten Wochen nach der Operation war es nachvollziehbar, da Sitzen eine unerträgliche Qual war. Doch mittlerweile sitze ich auch bei anderen alltäglichen Gelegenheiten wieder – bei Mahlzeiten, kurzen Büroarbeiten und so weiter. Es würde also nichts dagegensprechen, mich für eine Weile ans Klavier zu setzen. Doch der innere Widerstand ist zu stark. Neulich ertappte ich mich sogar dabei, wie ich dem Klavier auswich. Ich machte einen Umweg, obwohl der direkte Weg unmittelbar am Klavier vorbeigeführt hätte. Die Noten meiner Lieblingslieder liegen noch auf dem Klavier, also in Griffweite. Und doch scheint es mir unmöglich, diese Lieder in der jetzigen Situation zu singen. Wieso eigentlich? Die meisten Lieder besingen Gottes Größe und Allmacht. Sie ehren Jesus als Sieger und Retter und danken ihm für seine Hilfe. Wie sollte ich ein solches Lied unter diesen Umständen ehrlich singen können? In Wirklichkeit weiche ich also gar nicht dem Klavier aus, sondern dem, was ich noch wenige Monate zuvor als klaren Auftrag für mich verstanden hatte: Gott mit Liedern anzubeten und ihn zu loben. Ich spüre, dass Prozesse in meinem Herzen vor sich gehen, die mir nicht guttun. Doch ein Teil von mir will gar nicht dagegen ankämpfen. Vielmehr finde ich, dass mein Herz jedes Recht dazu hat, verletzt, enttäuscht, bitter und trotzig zu sein. Ich kann nicht verstehen, wieso sich die Schmerzsituation seit Monaten nicht verbessert, nachdem wir doch so aufrichtig geglaubt, gehofft und gebetet haben.

Doch seit einigen Tagen wird das innere Drängen immer lauter: »Debora, setz dich ans Klavier und sing!« – »Nein. Wieso sollte ich?«, erwidere ich in Gedanken und weiß gleichzeitig, dass dieser Gehorsamsschritt aus irgendeinem Grund bedeutsam ist. Heute bin ich allein zu Hause. Ruben und Dina sind über Mittag in der Schule und Rolf auf der Arbeit. Ich drehe eine weitere Runde durch die Stube – meinen Blick auf das Klavier gerichtet. Noch selten habe ich über eine so lange Zeit einen so intensiven Widerstand gegen etwas verspürt und das macht mir irgendwie Angst. Vor allem, weil dieses Verhalten ungute Gefühle – wie Bitterkeit und Wut – nährt. Dinge, die ich doch eigentlich gar nicht in meinem Herzen haben will.

In einem Anflug von Mut entscheide ich, diesem Trauerspiel ein Ende zu setzen. Ich könnte doch damit beginnen, mich einfach mal ans Klavier zu setzen. Wenig später sitze ich da. Ich spüre, dass der Gehorsamsschritt weitergehen muss. Also stelle ich die Noten eines Lieblingsliedes vor mich hin: den *Desert Song*, das *Wüstenlied* von Brooke Ligertwood. Ein Lied, das schwierige Lebenserfahrungen besingt, aber im Refrain bekennt, dass Gott trotz allem unser Lob gehört. Während ich den ersten Akkord seit Monaten spiele, geschieht etwas, das ich rational nicht erklären kann. Es ist, als ob in meinem Inneren sämtliche Tränenschleusen geöffnet würden. Nach diesem einen Akkord bin ich mehrere Minuten lang nicht in der Lage weiterzuspielen. Stattdessen sitze ich am Klavier und schluchze hemmungslos. Ich kann mich nicht erinnern, wann ich zum letzten Mal so geweint habe. Es tut schrecklich weh und gleichzeitig schrecklich gut. Die Traurigkeit, Bitterkeit und Enttäuschung der vergangenen Monate brechen durch die offenen Schleusen ungehindert aus mir heraus. Es ist ein sonderbares Erleben. Vor allem, weil so deutlich zu spüren ist, dass Heilsames und zugleich Geheimnisvolles geschieht. Nachdem die erste Tränenflut versiegt ist, wage ich mich an das Lied. Ich singe unter Tränen und in keiner Weise für ein Publikum geeignet, aber vielleicht so ehrlich und hingebungsvoll wie selten zuvor: *Das ist mein Gebet in der Wüste. Wenn sich alles in mir trocken anfühlt. Das ist mein Gebet in meinem Hunger und meiner Not. Mein Gott ist ein Gott, der versorgt.* Und im Refrain: *Ich werde Lobpreis bringen. Ich werde Lobpreis bringen. Keine Waffe, die gegen mich geformt wurde, soll von Bestand sein. Ich werde mich freuen. Ich werde ausrufen: Gott ist mein Sieg und Er ist hier.*[25]

Das Lob für Gott in schwierigen Zeiten wird in der Bibel »Lob-Opfer« genannt (z. B. in Hebräer 13,15). Gott zu loben in Zeiten, in denen es mir gut geht, ist kein Opfer. Ein Opfer wird es dann, wenn es mich etwas kostet. Das Lob-Opfer erinnert mich daran, dass es letztlich nicht um mich geht, sondern um den lebendigen Gott, der über allem steht. Gott ist es wert, dass wir ihn auch in dunklen Stunden ehren. Er bleibt immer noch der allmächtige, souveräne und ewige Gott, der uns über alles liebt, auch wenn wir sein Handeln nicht verstehen.

Apostelgeschichte 16,25-26

Gegen Mitternacht beteten Paulus und Silas; sie priesen Gott mit Lobliedern, und die Mitgefangenen hörten ihnen zu. Plötzlich bebte die Erde so heftig, dass das Gebäude bis in seine Grundmauern erschüttert wurde. Im selben Augenblick sprangen sämtliche Türen auf, und die Ketten aller Gefangenen fielen zu Boden.

---

25 Im englischen Original: »This is my prayer in the desert. When all that's within me feels dry. This is my prayer in my hunger and need. My God is the God who provides. Ref.: I will bring praise. I will bring praise. No weapon formed against me shall remain. I will rejoice. I will declare: God is my victory and He is here.«

Hoffnungsschimmer:

Jesus Christus, mitten in meiner Traurigkeit und Enttäuschung will ich Dir mein Lob als Opfer bringen und mich daran erinnern, dass es um Dich geht und nicht um mich. Du bleibst vertrauens- und anbetungswürdig, auch wenn ich Dein Handeln nicht verstehe. Lass mich wie Paulus und Silas im Gefängnis erleben, dass Loblieder in der geistlichen Dimension den Weg für göttliches Wirken bahnen – sei es äußerlich oder innerlich.

28. GELIEHENE WORTE

Die bedrückende Stille der Trauerfeier wird von mächtigen Orgelklängen durchbrochen, dem Vorspiel zum Lied *So nimm denn meine Hände*. Bedächtig stimme auch ich mit ein – in dieses Lied, das mir seit meiner Kindheit vertraut und kostbar ist. Wie bei vielen anderen alten Liedern verschmelzen Text und Melodie auf berührende Weise zu einer geheimnisvoll-tröstlichen Umarmung von Schmerz und Schönheit. Gemäß Überlieferung soll die junge Deutschbaltin Julie Haussmann das Gedicht geschrieben haben, nachdem sich ihre Zukunftsträume in einem Augenblick zerschlagen hatten. In der Absicht, ihren geliebten Verlobten, einen Missionar, zu heiraten, reiste sie ihm nach. Am Zielort in Afrika angekommen, wurde ihr mitgeteilt, dass ihr Verlobter kurz vorher an einer Krankheit gestorben war. Das Lied wurde erstmals im Jahr 1862 gedruckt zu einer Melodie von Friedrich Silcher, die er zwanzig Jahre zuvor für ein Abendgebet geschrieben hatte. Auch wenn die Geschichte nicht sicher verbürgt ist, so schwingen ein tief empfundener Schmerz und ein beeindruckendes Vertrauen auf Gott in jedem einzelnen Wort mit. Während wir in der altehrwürdigen Kirche die dritte Strophe singen, laufen nicht nur mir Tränen über die Wangen: *Wenn ich auch gar nichts fühle von Deiner Macht, Du führst mich doch zum Ziele, auch durch die Nacht. So nimm denn meine Hände und führe mich bis an mein selig Ende und ewiglich.*

Auch viele andere alte Hymnen und Lieder sind vor dem Hintergrund persönlicher Schicksalsschläge entstanden: *Befiehl du deine Wege* von Paul Gerhardt, *It is well with my soul (Wenn Friede mit Gott)* von Horatio G. Spafford, *Die Nacht ist vorgedrungen* von Jochen Klepper, *Von guten Mächten* von Dietrich Bonhoeffer und viele andere. Der tief empfundene Schmerz einer existenziellen Notlage, in Form von Worten und Klängen, wird bildlich gesprochen zu einem Geländer oder Handlauf, an dem sich festhalten kann, wer hinzufallen droht. Auch wenn ich nie wagen würde, mein Erleben mit den Schicksalsschlägen jener Menschen zu vergleichen, empfinde ich es als besonderen Segen, in Zeiten der Sprachlosigkeit Worte aus diesen alten Schätzen leihen zu dürfen.

Dasselbe gilt für Psalmworte und andere Bibeltexte, tiefgründige Gedichte oder sonstige Texte, die uns in Zeiten des Schmerzes und der inneren Erstarrung vor Gott sprachfähig machen. Dies ist von unschätzbarer Bedeutung, da es für unser Inneres sehr schädlich sein kann, wenn wir in einer Sprachlosigkeit erstarren. Manchmal müssen wir uns Worte von anderen leihen, in ihre Formulierungen schlüpfen, damit unser Schmerz und unsere aufgestauten Gefühle einen Ausdruck finden und der Überdruck in unseren Herzen abgebaut wird. Nicht allein der Schmerz lässt Menschen vor Gott und anderen Menschen verstummen. Auch Ängste, Scham oder andere Gefühle können dazu führen, dass wir sprachlos werden. Vor wenigen Tagen hatte ich ein bewegendes Gespräch mit einem jungen Christen, der so enttäuscht und beschämt über sich selbst und sein Verhalten war, dass er nicht mehr wagte, das Gespräch mit Gott zu suchen. Gleichzeitig wurden die verdrängten Gefühle immer mächtiger und destruktiver. Ich habe daraufhin einige Texte für ihn ausgewählt und ihm die Aufgabe gegeben, jene in den kommenden Tagen laut vorzulesen. Geliehene Worte können zur Chance werden, dass wir wieder mit Gott oder anderen Menschen ins Gespräch kommen. Auch mir hilft es in Zeiten der Sprachlosigkeit, Gedichte, Texte oder Gebete laut vorzulesen. Manchmal alte Klassiker, manchmal Texte aus der Gegenwart (z. B. aus dem Buch *Du hast mein Dunkel geteilt – Gebete an unerträglichen Tagen* von Antje Sabine Nägeli etc.). Mehr als einmal habe ich erlebt, wie innere Blockaden hierdurch gelöst wurden und aufgestaute Gefühle heilsam Ausdruck fanden.

Hier in der Kirche, während der Abdankungsfeier, wird mir neu bewusst, was für eine Kraftquelle es ist, Worte von anderen als Sprachrohr für mich selbst zu nutzen und dadurch neu Mut zu fassen. Vielleicht mag es in gewissen Lebensphasen eine ganze Weile dauern, bis wir wieder in der Lage sind, eigene Gebete zu formulieren. Dafür sollten wir uns weder anklagen noch verurteilen. Es ist menschlich und ein Ausdruck unserer Verletzlichkeit und Gebrochenheit.

Wenn du in einer Sprachlosigkeit Gott gegenüber feststeckst, mache ich dir Mut – sofern du dazu in der Lage bist: Trauere hörbar mit Hiob, klage mit David oder anderen Psalmschreibern, lies oder sing Liedtexte, die dir viel bedeuten, lass Gedichte oder was auch immer dein Herz berührt für dich sprechen, aber gib dich nicht dauerhaft einer Wortlosigkeit hin, die dich innerlich auffrisst. Und bete das Vaterunser, das Gebet, das Jesus seine Jünger gelehrt hat (vgl. Matthäus 6,9-13).

Römer 8,26

Und auch der Geist Gottes tritt mit Flehen
und Seufzen für uns ein; er bringt das zum
Ausdruck, was wir mit unseren Worten nicht
sagen können. Auf diese Weise kommt er uns
in unserer Schwachheit zu Hilfe,
weil wir ja gar nicht wissen,
wie wir beten sollen, um richtig zu beten.

Hoffnungsschimmer:

Wie entlastend zu wissen, dass Du, allmächtiger Gott, nicht nur um meine Hilflosigkeit und Sprachlosigkeit weißt, sondern dass Du mir in meiner Schwachheit höchstpersönlich zu Hilfe kommst. Danke, dass Dein Geist stellvertretend für mich betet, wenn mir die Worte fehlen.

29. SEELENGESPRÄCHE

Puh, schmeckt das bitter. Ich verziehe mein Gesicht und greife nach der Verpackung. »Detox-Tee« ist in großen Buchstaben zu lesen. Was dieser Entgiftungstee wohl alles enthält? Ich habe mich dafür extra in einem Kräuterladen beraten lassen. Wie erwartet klingen die Zutaten vernünftig und sehr gesund. Das ändert nichts daran, dass ich den Tee nicht mag. Auch wenn er mir als schmackhaft angepriesen wurde. Trotzdem werde ich ihn weitertrinken. Mindestens eine Tasse pro Tag, bis die Schachtel leer ist. Nach einem Medikamentenentzug habe ich das Bedürfnis, meinen Körper von Giftstoffen zu reinigen. In der Hoffnung, dass gewisse Nebenwirkungen abklingen und sich mein Körper etwas erholt, während ich in Absprache mit dem Arzt ein neues – hoffentlich verträglicheres – Medikament ausprobiere.

Es ist ein sonniger Tag. Doch ich bin unruhig und unmotiviert. Vieles läuft unbefriedigend. Gestern habe ich von einer wildfremden Person eine E-Mail erhalten, in der ich auf verletzende Weise angegriffen und für meine Bücher kritisiert wurde. Einmal mehr bin ich erstaunt, wie schnell eine einzige negative Rückmeldung die sonst überwiegend positiven Feedbacks in den Hintergrund rückt. Dazu kommt die Frustration darüber, dass ich nun schon so lange mit Schmerzen lebe. In meinem Umfeld hat man sich daran gewöhnt. Vermutlich denken viele gar nicht mehr daran. Fairerweise muss ich sagen, dass ich kaum darüber spreche. Und doch bleibt es ein täglicher Kampf, der manchmal über meine Kräfte geht. Der Medikamentenentzug der letzten Wochen hat mich an meine Grenzen gebracht. Nicht nur mein Körper spielte verrückt, sondern auch meine Psyche. Einige Tage fühlte ich mich im freien Fall, unter mir ein tiefes schwarzes Loch. Ich checke mein Handy.

Unübersehbar springen mich Dinge an, die eine Antwort von mir verlangen – Mails, unbeantwortete Anrufe und Nachrichten auf den unterschiedlichsten Kanälen. Nachdenklich schaue ich meinen Detox-Tee an. Wir Menschen sind so viel mehr als ein Körper. Nicht nur mein Körper braucht eine regelmäßige Entgiftung, sondern auch meine Seele und mein Geist. Vielleicht braucht es meine Seele sogar noch dringender als mein Körper.

Ich schalte mein Handy in den Flugmodus und setze mich auf unseren Sitzplatz. Höchste Zeit, wieder einmal mit meiner Seele ins Gespräch zu kommen. Bei diesen Seelengesprächen sind mir vor allem die Psalmschreiber ein großes Vorbild. Nicht nur weil sie ihre Seele manchmal als konkretes Gegenüber ansprechen (zum Beispiel in Psalm 42,6: *Warum bist du so bedrückt, meine Seele?*), sondern weil sie das, was ihre Seele bewegt, schonungslos vor Gott ausbreiten: Freude, Enttäuschung, Bitterkeit, Unruhe, Eifersucht, Trauer, Erschöpfung und vieles mehr. Die biblischen Texte wurden mitten im Leben geschrieben. Von sehnsüchtigen, traurigen, hoffnungsvollen, leidenden und verletzlichen Menschen. Viele von ihnen an Orten, an denen sie gar nicht sein wollten. Im Exil. Im Gefängnis und anderswo. Beeindruckend, wie ehrlich sie über ihre Gedanken und Gefühle sprachen. Gerade auch als Männer. Sich dem zu stellen, was in uns vorgeht, was uns umtreibt, uns verletzt, wütend und bitter macht, ist entscheidend für innere Entgiftungsprozesse. Trauer und Klage haben in der Bibel einen ganz besonderen Stellenwert. Das zeigt nicht nur das biblische Buch der Klagelieder, sondern wird auch in Klagepsalmen, dem Buch Hiob oder bei den Propheten deutlich. Das Erstaunliche: Gott hält unser Unverständnis aus. Ebenso unsere Anklage, unsere Trauer, unsere Wut, unsere Verzweiflung. Wenn wir das, was uns innerlich umtreibt, verdrängen, besteht die große Gefahr, dass die Schutzmauern zu unseren Herzen immer dicker werden und wir den Bezug zu dem, was tief in unseren Herzen vor sich geht, verlieren. Doch indem wir dunkle Gedanken und Gefühle benennen, legen wir den Grundstein für eine ernsthafte Auseinandersetzung und einen inneren Heilungsweg.

Entscheidend für Seelengespräche ist, dass es nicht nur beim Ausbreiten meiner Gefühle und Gedanken bleibt, sondern dass ich meine Seele ins Gespräch mit Gott bringe und aus einer übernatürlichen Dimension Korrektur, Hoffnung, Trost und Perspektive empfange. Der Prozess geht allerdings nur weiter, wenn ich bereit bin umzusetzen, was ich erkenne. Manchmal muss ich mit meiner Seele auch ein ernstes Wörtchen sprechen. Vor allem wenn sie trotzig ist und weder Veränderung noch einen Blickwechsel zulassen will. Neulich bin ich bei den Vorbereitungen für eine Schulung über den Schluss von Psalm 77,3 gestolpert. Wörtlich aus dem Hebräischen übersetzt steht dort: *Meine Seele weigert sich, getröstet zu werden*. Mit anderen Worten: In gewissen Situationen ist das Problem nicht, dass kein Trost verfügbar wäre, sondern dass ich in meiner Verweigerungshaltung gar nichts annehmen will, weder von Gott noch von anderen Menschen. So weit will ich es nicht kommen lassen.

Ich nehme einen Schluck Detox-Tee und beginne mit meinem Seelengespräch.

Psalm 42,6

Warum bist du so bedrückt, meine Seele? Warum stöhnst du so verzweifelt? Warte nur zuversichtlich auf Gott! Denn ganz gewiss werde ich ihm noch dafür danken, dass er mir sein Angesicht wieder zuwendet und mir hilft.

Hoffnungsschimmer:

Dass Du, himmlischer Vater, meine Gefühle aushältst, ist ein unbeschreibliches Geschenk. Bitte hilf mir dabei, dem auf die Spur zu kommen, was meine Seele umtreibt, und es mutig zu benennen und anzugehen. Danke, dass ich über alles mit Dir sprechen darf und Du voller Liebe auf mich wartest. Wie David will auch ich meine Seele auffordern: »Lobe den HERRN, meine Seele, und vergiss nicht, was er dir Gutes getan hat« (Psalm 103,2; LUT).

30. SEELENGRIPPEZEIT

Das neu angebrochene Jahr hatte nicht nur eine Flut von guten Vorsätzen im Schlepptau, sondern auch eine Grippewelle. Sei es im beruflichen Umfeld, im kirchlichen Kontext oder im Familien- und Freundeskreis, überall melden sich derzeit Personen von Aktivitäten ab, mit der Begründung: »Ich habe die Grippe.« Das reicht. Mehr gibt es dazu nicht zu sagen. Für einen viralen Infekt hat unsere Gesellschaft vollstes Verständnis. Eine Krankschreibung schafft den legitimen Rahmen für die Zeit der Genesung und Rekonvaleszenz. Manchmal wünschte ich mir, dass es auch bei seelischer Abgeschlagenheit so einfach wäre, einen legitimen Schutzraum zu erhalten. Denn obwohl viele theoretisch wissen, dass der Mensch eine Dreiheit aus Körper, Seele und Geist ist und die Übergänge fließend sind, schenken wir körperlichen Beschwerden sehr viel schneller Aufmerksamkeit als seelischen oder geistlichen. Sobald irgendetwas an unserem Körper nicht so ist, wie es sein sollte, werden wir unruhig und tun gut daran, es ärztlich abklären zu lassen. Geht es jedoch unserer Seele nicht gut, neigen wir viel eher dazu, unseren Zustand zu ignorieren und uns einzureden, dass jetzt weder Zeit noch Raum da ist, sich um Dinge in unserem Inneren zu kümmern, die sowieso niemand verstehen würde. Schnell gerät vieles in Schieflage, da sich Seelisches auch unmittelbar auf den Körper auswirken kann.

Während andere um mich herum an der saisonalen Grippe leiden, hat mich einmal mehr die Seelengrippe im Griff. Ein Begriff, den ich selbst so geprägt habe, weil er zum Ausdruck bringt, wie ich diese Zeiten heute bewerte und wie ich damit umgehen möchte. Während ich solche Phasen noch vor wenigen Jahren nur mithilfe von Antidepressiva überstand, übe ich mich nun bei jeder

Wiederholung darin, selbstbestimmter, konstruktiver und wenn möglich ohne Medikamente durchzukommen. Im jetzigen Fall kann ich keinen bestimmten Auslöser oder rationalen Grund für die Seelengrippe erkennen. Die Dunkelheit, in die mein Inneres gleitet und die ich mittlerweile gut von schlechten Tagen abgrenzen kann, zeigt mir an, dass ich den Zustand meiner Seele ernst nehmen muss. Wenn ich das nicht mache, kann es durchaus zu einer Verschlimmerung der Situation kommen. Wenn ich mich als Dreiheit von Körper, Seele und Geist verstehe, haben meine Seele und mein Geist dasselbe Recht wie mein Körper, Aufmerksamkeit von mir einzufordern. Wenn sich Grippesymptome zeigen, zermartere ich mir auch nicht den Kopf darüber, was um alles in der Welt diesen Zustand herbeigeführt haben könnte. Ob ich etwas falsch gemacht habe und wie ich mich schnellstmöglich aus dieser Situation befreien kann. Vielmehr ist wichtig, dass ich angemessen auf die Situation reagiere. Dazu gehört, dass ich meine Erkrankung ernst nehme und Maßnahmen einleite, die die Gesundung unterstützen. Allem voran, dass ich meinem Körper ausreichend Schonung gönne und ihm die Zeit lasse, wieder zu Kräften zu kommen. All dies möchte ich auch meiner Seele zugestehen. Das Recht, dass ich ihre Signale ernst nehme, ohne dass ich ihren Zustand rational erklären kann. Dazu sinnvolle Maßnahmen, die ihre Gesundung unterstützen. Elementar ist in meinem Fall ein Schutzraum, in den ich mich zurückziehen kann. Gerade vorhin habe ich mich von drei Terminen in dieser Woche abgemeldet. Mit derselben Selbstverständlichkeit, wie ich bei einer Grippe für mich eintrete, mache ich dies heute auch in Zeiten der Seelengrippe. Weil meine Seele Zeit braucht, wieder auf die Beine zu kommen. Seit ich diese Zeiten bewusst zulasse und unmittelbarer auf mein seelisches Befinden reagiere, gelingt es mir heute wesentlich besser als noch vor einigen Jahren, eine Seelengrippe zu überstehen. Meist lichtet sich die Dunkelheit nach einigen Tagen. Wenn nicht, spreche ich offen mit meinem Arzt, woraufhin wir gemeinsam nach Lösungen suchen.

Je liebevoller ich in solchen Zeiten mit mir selbst umgehe,

desto konkreter kann ich den Heilungsprozess unterstützen. Solange ich mich gegen die Seelengrippe auflehne, mir den Kopf darüber zerbreche, wie es bloß so weit kommen konnte, ich mich für mich selbst schäme und mich weigere, den Istzustand zu respektieren, ist ein heilsamer Umgang schwierig. Letzterer beginnt damit, dass ich den Wellengang meiner Gefühle akzeptiere. Ich gestatte mir, den Schmerz tief zu empfinden, traurig zu sein und zu weinen, wenn mir danach ist. Ich darf überwältigt sein von Weltschmerz, Müdigkeit und Mutlosigkeit. Ich darf mich verletzt und überfordert fühlen. Es ist okay, wenn ich keine Kraft zum Beten habe und weder Durchhalteparolen noch positive Denkansätze greifen. Ich weiß: Genesung braucht Zeit. Und ich glaube, dass es wieder besser wird, wenn die Zeit gekommen ist.

Jesaja 43,2a (HFA)
Wenn du durch tiefes Wasser oder reißende Ströme gehen musst – ich bin bei dir, du wirst nicht ertrinken.

Hoffnungsschimmer:

Manchmal fühlt sich das Leben an wie ein Gang durch tiefes, stürmisches Wasser. Lebensumstände, Gedanken oder Gefühle drohen mich zu verschlingen. Vielleicht haben andere Menschen oder Umstände mich in Untiefen katapultiert, vielleicht ist es die Konsequenz eigener Entscheidungen. Himmlischer Vater, halte mich fest, wenn die Fluten über mir zusammenschlagen und ich unterzugehen drohe.

31. MORGENSTERN IN MEINEM HERZEN

In eine warme Decke gehüllt und mit einer Tasse Honigmilch in der Hand sitze ich auf dem Sessel unserer Gartenlounge. Schmerzen und mein Gedankenkarussell lassen mich keinen Schlaf finden. Noch ist der Himmel dunkel und es ist kühl. Zudem ist es bewölkt. An wolkenfreien Stellen sind Sterne zu erkennen. Wie immer versuche ich eines der Sternbilder zu entdecken, die ich kenne – den Großen Wagen, Orion, die Plejaden und einige andere. Trotz der Dunkelheit gibt es Anzeichen, dass der Morgen näher rückt. Und damit meine ich nicht bloß den zunehmenden Verkehr der nahe gelegenen Autobahn, der mir unter der Woche in den meisten Nächten im Halbschlaf signalisiert, dass es ungefähr vier Uhr morgens sein muss. Auch am Nachthimmel künden sanfte Vorzeichen den nahenden Morgen an. Nach und nach zeichnen sich die Konturen des Nachbarhauses am Nachthimmel ab. Über dem höchsten Punkt des Spitzdachs ist ein Licht zu sehen. Ein einsames und erstaunlich helles Licht. Vielleicht ein Flugzeug? Nein, sonst würde es sich vorwärtsbewegen. Und doch hebt sich das Licht deutlich von den anderen Sternen ab, die mit zunehmender Dämmerung an Strahlkraft verlieren. Für einen Moment verschwindet es hinter einer Wolke und taucht dann strahlend hell wieder auf. Kein Zweifel, das muss der Morgenstern sein! Die leuchtende Venus ist das Versprechen eines neuen Tages – zwischen Dunkelheit und Licht.

Ein solches Versprechen ist laut der Bibel auch Jesus Christus. In Offenbarung 22,16 bezeichnet er sich selbst als »heller Morgenstern«. Wer den Morgenstern sieht, weiß: Die Nacht dauert nicht mehr lange. Bald bricht ein neuer Tag an. Petrus beschreibt in 2. Petrus 1,16-19, wie er gemeinsam mit anderen auf dem Berg der Verklärung die Macht und Herrlichkeit von Jesus Christus, Gottes Sohn, mit eigenen Augen gesehen hat. Und weil er mit eigenen Augen gesehen hat, dass das, was in den heiligen Schriften lange zuvor durch die Propheten angekündigt war, keine Fabel, sondern Wahrheit ist, macht er seinen Briefempfängern Mut, ebenfalls an dieser Wahrheit festzuhalten. Sie sollen darauf achten wie auf ein Licht, das an einem dunklen Ort scheint, *bis der Tag anbricht und der Morgenstern aufgeht in euren Herzen* (2. Petrus 1,19b; LUT).

Wie achtet man auf ein Licht? Den Morgenstern am Sternenhimmel kann ich nur sehen, wenn ich bewusst hinschaue und mich nicht nur auf den restlichen dunklen Nachthimmel konzentriere. Die Schatten und das Dunkel sind nach wie vor real. Doch als Bote der Hoffnung erinnert mich der Morgenstern mitten im Dunkel der Nacht daran, dass das Licht bald anbricht. Ein Morgenstern in meinem Herzen? Was für eine berührende Vorstellung, dass ein göttliches Licht mein inneres Dunkel erleuchtet. Die Gedanken, die oft so verworren und überfordernd sind. Die Traurigkeit und Einsamkeit meines Herzens.

Doch gleichzeitig bedeutet es auch, dass ich es wage, Jesus mein ungeteiltes Herz zu schenken. Ist es nicht so, dass wir ihm vielleicht manchmal einfach einen Teil unseres Herzens geben, nicht aber unser ganzes Herz? Was ist mit den Anteilen, die ich lieber vor ihm verbergen würde? Das, wofür ich mich schäme? Wenn ich mich ihm ganz hingebe, kann in der Dunkelheit, Verwirrung und Kälte meines Herzens der göttliche Morgenstern aufgehen. Kann Licht mein Inneres erwärmen und mich von innen heraus beleben. Dafür muss ich nichts anderes tun, als bereit sein, mein Herz zu öffnen – mit jedem Winkel. Doch genau dies kostet Mut. Viel zu oft ist dieses Herz schon verletzt worden. Die Verletzungen haben es abgehärtet und nun verbirgt es sich in einer Festung hinter dicken Schutzmauern.

Während die anderen Sterne mittlerweile vollständig verblasst sind, strahlt der Morgenstern unverändert hell. Ja, ich möchte mein

Herz öffnen. Die Dunkelheit in mir nicht konservieren, sondern dem Morgenstern eine Chance geben, sein Werk in mir zu beginnen.

Jesaja 50,10 (HFA)
Ihr Menschen, die ihr Ehrfurcht vor dem HERRN habt [...], erschreckt nicht in dunklen Tagen! Verlasst euch auf den HERRN, auch wenn ihr nirgends einen Hoffnungsschimmer seht, denn er hält euch fest!

Hoffnungsschimmer:

Göttlicher Morgenstern, wie sehr sehne ich mich danach, dass Du in meinem Herzen aufgehst und Dein Licht mein Inneres erhellt. Hilf mir, Schutzmauern zu durchbrechen, damit ich es wage, mein Herz uneingeschränkt für Dich zu öffnen. Auch alle Dunkelkammern und geheimen Winkel, damit Dein Licht, Deine Wahrheit und Klarheit heilend und freisetzend in mir wirken.

32. MORGENDÄMMERUNG

erwartungs-voll
atme ich dunkelheit
der pinsel des meisters
mischt farben in das morgengrauen
dunkles blau weicht sanftem licht
wird es auch mich erreichen?

sorgen-voll
suche ich halt
die nacht weint noch in meiner seele
die leiden meines lebens sind
in dunkles zwielicht eingehüllt
werde ich daran zerbrechen?

wunder-voll
erwacht der tag
im widerschein der nahenden sonne
singt sich die lerche in mein herz
eine sanfte brise berührt mich
ich wage zu hoffen

hoffnungs-voll
strecke ich mich aus
nach licht und wärme, heilung und segen
ich träume von der schönheit des tages
meine tränen trocknen im morgenwind
fasse mut, mein herz!

vertrauens-voll
ergreife ich deine hand
will diesen tag nutzen und gestalten
will glauben, dass er mir zum guten dient
will reifen im leben, lieben und leiden
mein leben ist kostbar[26]

Jesaja 58,8a (LUT)
Dann wird dein Licht hervorbrechen
wie die Morgenröte, und deine Heilung
wird schnell voranschreiten.

Hoffnungsschimmer:

Dreieiniger Gott, heute will ich mich mutig nach Dir ausstrecken. Mehr von Dir erwarten, als meine kleingläubige Zurückhaltung zulassen will. Aus dem Reichtum Deiner Fülle will ich im Glauben Wunderbares, neue Hoffnung und Vertrauen erbitten und empfangen.

---

26 Text: Debora Sommer. Dieses Gedicht findet sich im Kunstband: Olsen, Jørn Henrik & Sommer, Debora, 2015. *longing – sehnsucht – længsel*. Gilleleje: VNP, S. 55-61. Im Kunstbuch trägt das Gedicht den Titel »Dämmerung«.

33. HEILIGES HIER UND JETZT

Ehrfürchtig blättere ich in dem wunderschönen Buch, das nach einer langen Reise endlich bei mir eingetroffen ist. *Every Moment Holy*[27] – »Jeder Augenblick heilig« – ist eine Sammlung von über hundert Liturgien für alltägliche Aufgaben, Rituale, Erlebnisse, aber auch für herausfordernde Momente. Sie wollen daran erinnern, dass unser Alltag von Heiligkeit durchdrungen ist. Auch dann, wenn wir zu beschäftigt sind, es zu bemerken. Das Heilige im Alltäglichen zeigt sich zunächst in einer beeindruckenden Buchgestaltung: Hardcovereinband aus Leder, Seiten mit Goldschnitt und ein Lesebändchen aus Seide. Die Überschriften einiger Liturgien bringen mich zum Schmunzeln, andere machen nachdenklich: *Eine Liturgie für das Waschen ... zum Windelnwechseln ... zur Mahlzeitenzubereitung ... fürs Fensterputzen ... für Sonnenuntergänge ... für den ersten Schnee ... für das Ritual des Morgenkaffees ... für Krankheitstage ... für schlaflose Nächte ... für den Morgen einer medizinischen Behandlung ... für Versagensängste ... zum Tod eines Traums.* Gewisse Liturgien sind zum Auswendiglernen, damit sie jederzeit und überall abrufbar sind: *Eine Liturgie beim Hören von Vogelgesang ... beim Anblick einer blühenden Blume ... beim Beobachten eines Baums, der sich im Wind wiegt ... beim Genießen einer warmen Dusche ... für Momente des Notfalls ... für einen Moment der Frustration über ein Kind ... fürs Schlangestehen* und so weiter.

Ich freue mich darauf, die Liturgien in meinen Alltag einzu-

---

27 McKelvey, Douglas Kaine, 2017. *Every Moment Holy*, Volume I. Nashville: Rabbit Room.

bauen. Genau danach sehne ich mich: mitten im Alltag, im Hier und Jetzt, Spuren von Heiligkeit zu entdecken. In Gewöhnlichem, Außergewöhnlichem, Geplantem, Ungeplantem, Erfreulichem, ja sogar in Belastendem. Oft kämpfe ich mich durch den Alltag wie ein kleiner Frosch durch das Dickicht. So vieles, was mich umgibt, scheint übermächtig, unüberwindbar und vergebliche Mühe. Wie anders ist demgegenüber der Weitblick eines Adlers, der dank seiner Flugkünste in der Lage ist, größere Zusammenhänge zu erkennen. Auch ich brauche von Zeit zu Zeit einen Perspektivenwechsel, damit das, was mir übergroß und übermächtig erscheint, in den rechten Blickwinkel gerückt wird und ich das Alltägliche als Teil eines größeren Ganzen verstehe.

Leonardo da Vinci soll einmal dazu aufgefordert haben: »Binde deinen Karren an einen Stern.« Zu seiner Zeit hat man einen Karren vermutlich an einen Esel, einen Ochsen oder an ein Pferd gebunden. Schließlich brauchte man eine Kraft, die den Karren voranbrachte oder aus dem Dreck zog. Aber den Karren an einen Stern binden? Seine Worte berühren mich, weil beides darin steckt: die Erdenschwere eines vollgepackten Lebenskarrens und die Sehnsucht nach etwas Größerem, das Alltägliches in ein neues Licht rückt. In unserer Verletzlichkeit und Vergänglichkeit brauchen wir das Angebundensein an etwas Beständiges, Mächtiges, Höheres. Wir brauchen Halt und Orientierung. Etwas, das uns hilft, unseren Lebenskarren neu in Bewegung zu setzen, wenn er feststeckt.

Heiligkeit im Hier und Jetzt zu entdecken, bedeutet, im Alltag nach Schönheit Ausschau zu halten, nach Verbundenheit und Sinn. Es bedeutet, nicht trübselig auf meinen schwer beladenen Lebenskarren zu starren, sondern mit einem offenen und dankbaren Herzen nach Wundern Ausschau zu halten, die meinem Blick verborgen bleiben, solange ich den Kopf entmutigt hängen lasse. Welche Entscheidungen treffe ich im Hier und Jetzt? Gebe ich mich meinen Sorgen und Ängsten hin oder bin ich bereit, dagegen anzukämpfen und meine Seele statt mit Negativem vielmehr mit Dankbarkeit und Schönheit zu nähren? Zum Beispiel mit einem

Blick in die Natur, die von Gottes Größe zeugt. Immer wieder werden in der Bibel Beispiele aus der Natur gebracht, um zu veranschaulichen, wie sinnlos es ist, sich im Hier und Jetzt Sorgen über Zukünftiges zu machen. Die Lilien in ihrer Schönheit sind ebenso wie die Vögel lebendige Erinnerungen daran, dass Gott selbst für uns sorgen wird.

Was gestern war, kann ich nicht mehr ändern. Was morgen sein wird, ist ungewiss. Doch den jetzigen Moment kann ich gestalten und einen Unterschied im Hier und Jetzt machen.

Psalm 118,24

Dies ist der Tag, den der HERR gemacht hat;
heute wollen wir fröhlich jubeln
und unsere Freude haben.

Hoffnungsschimmer:

Himmlischer Vater, heute will ich mich daran erinnern, dass dieser Tag ein Geschenk von Dir ist und damit keine Selbstverständlichkeit. Auch wenn Fröhlichsein und Jubel inmitten der gegenwärtigen Herausforderung etwas realitätsfern scheinen, so will ich mich nicht kampflos meinen negativen Gedanken oder der Undankbarkeit überlassen, die mir den Segen dieses Augenblicks rauben wollen und mich blind machen für das Gute, das Du mir gibst. Ich will Ausschau halten nach Spuren von Heiligkeit im Hier und Jetzt. Lass mich erkennen, was mir geschenkt ist, und es dankbar wertschätzen.

34. MEIN KÖRPER – EIN HEILIGER ORT

Bewegt stehe ich vor der Frauenkirche in Dresden, während unsere Bekannten meine Frage nach dem Zusammenspiel von dunklen und hellen Steinen im Gemäuer beantworten. In der Dresdner Bombennacht vom 13. zum 14. Februar 1945 wurde die Frauenkirche schwer beschädigt. Am Tag darauf stürzte sie ein. Daraufhin blieb die Frauenkirche, die zu den berühmtesten protestantischen Sakralbauten und den größten Sandsteingebäuden der Welt zählt, fast fünfzig Jahre lang eine Ruine, bis sie von 1994 bis 2005 in einem unvergleichlichen Restaurationsprojekt wieder aufgebaut wurde. Beim Wiederaufbau wurden über achttausend Originalsteine verwendet, die man zuvor alle gemäß ihrer Platzierung im historischen Originalbau nummeriert und katalogisiert hatte. Im Zusammenspiel mit neuen, hellen Sandsteinen wurden die alten, dunklen Steine wieder ihrer ursprünglichen Bestimmung zugeführt. Ein starkes Symbol für Alt und Neu, Zerstörung und Wiederaufbau, als historisches Mahnmal, aber auch für den unerträglichen Schmerz und die Erschütterung einer ganzen Generation. Und gleichwohl ein Hoffnungssymbol. Denn letztlich war der protestantische Sakralbau nicht bloß ein prachtvolles Zeugnis um seiner selbst willen, sondern wollte auch Abbild einer viel größeren Herrlichkeit sein. Als Ort, an dem Menschen etwas von Gottes Größe, Schönheit und Gnade erfahren.

Der Anblick der wiederhergestellten Ruine lässt mich über einen anderen heiligen Ort nachdenken, den ich oft alles andere als heilig empfinde: meinen Körper! In 1. Korinther 6,19 wird der menschliche Körper als Tempel des Heiligen Geistes bezeichnet.

Dadurch erfährt der menschliche Körper eine unglaubliche Aufwertung; eine Würdigung der physischen Existenz, die ihresgleichen sucht. Das Bild des Tempels macht deutlich: Der menschliche Körper ist keine Bruchbude, sondern ein Bauwerk von ausgewiesener Erhabenheit, Schönheit und Heiligkeit. Und zwar deshalb, weil der Lebendige in seiner Erhabenheit, Schönheit und Heiligkeit in denjenigen Wohnung nimmt, die an Jesus Christus glauben.

Wenn ich in dem Bewusstsein lebe, dass mein Körper ein Tempel des lebendigen Gottes ist, kann dies nicht ohne Auswirkungen bleiben. Es ist nicht egal, wie ich mit meinem Körper umgehe und wie ich mich verhalte. Zudem wird klar, dass auf meinen Körper achtzugeben, nicht bloß eine physische, sondern auch eine geistliche Angelegenheit ist. Gleichzeitig merke ich, wie ebendies durch die Erfahrung von Schmerz und körperlichen Unzulänglichkeiten ungleich schwerer wird. Hätte sich Gott keinen anderen, würdigeren Wohnort aussuchen können als meinen Körper, den ich manchmal nur schwer akzeptieren kann? Ja, den ich manchmal sogar ablehne, vor allem, wenn alles wehtut. Was bedeutet ein verantwortungsvoller Umgang mit meinem Körper, wenn ich auf Medikamente angewiesen bin, die zwar die Schmerzen lindern, aber zugleich unangenehme Nebenwirkungen auslösen und negativ auf meinen Körper einwirken? Es bleibt ein Dilemma. Trotzdem ist und bleibt mein Körper ein heiliger Ort. An einem heiligen Ort sind Wunder möglich. Vielleicht das Wunder der körperlichen Wiederherstellung. Dieser Gedanke kann mir dabei helfen, mich nicht einfach gehen zu lassen und aufzugeben. Es wird in jedem Fall anders aussehen, der Heiligkeit dieses Ortes Rechnung zu tragen. In meinem Fall kann es bedeuten, mich aufzuraffen und trotz Schmerzen körperlich aktiv zu werden, weil ich weiß, dass es von Bedeutung ist. Und dass ich achtgebe, welche Nahrung ich meinem Körper zuführe. Ferner, dass ich gut abwäge, welche Medikamente wirklich notwendig sind oder ob es allenfalls natürliche Alternativen gibt, die den Körper weniger belasten. Es kann vielleicht sogar bedeuten, den Versuch zu wagen, ein Medikament abzusetzen – mit dem Risiko, dass es nicht gelingt. Aber auch, dass ich von Gott geschenkte körpereigene Wiederherstellungskräfte aktiviere – durch bewusste Atmung, die Stärkung des Vagusnervs, den Einsatz von ätherischen Ölen und so weiter.

Auch wenn mein Körper vielleicht in gewissen Momenten mehr einer Ruine gleicht als einem eindrucksvollen Tempel, so ist es nicht mein Äußeres, das ihn zu einem heiligen Ort macht, sondern vielmehr die Tatsache, dass dieses unzulängliche und bruchstückhafte Äußere vom lebendigen Gott bewohnt wird. Ich sehne mich danach, dass der dreieinige Gott sein Werk der Wiederherstellung in mir beginnt und fortführt – an Körper, Seele und Geist. Und dass er alte, dunkle Steine, die mir zu nichts mehr nütze schienen, sorgsam mit neuen, hellen Steinen zusammenfügt, damit seine Schönheit und Heiligkeit durch die Löcher und Risse meines Gemäuers hindurchstrahlen.

Psalm 139,14

Ich danke dir dafür, dass ich so wunderbar
erschaffen bin, es erfüllt mich mit Ehrfurcht.
Ja, das habe ich erkannt:
Deine Werke sind wunderbar!

Hoffnungsschimmer:

Ich kann nicht von mir behaupten, dass ich diesen Satz jederzeit in tiefer Dankbarkeit aussprechen kann, aber ich möchte mir zum Vorbild nehmen, was David hier in Worte fasst. Nicht immer scheint mir wunderbar, wie ich erschaffen bin. Dreieiniger Gott, bitte verzeih mir, dass ich Dein Werk manchmal sogar ablehne und Dich damit traurig mache. Dass Du in mir wohnst, übersteigt meinen Verstand. Ich möchte noch tiefer erkennen und ehrlicher danken. Und ich will neu staunen lernen über das Wunder meines Körpers – in aller Schwäche und Gebrochenheit.

35. FÜLLE ERWARTEN

»Was kann ich für Sie tun? Was erwarten Sie von mir?« Etwas verdutzt schaue ich den Arzt an und denke nach. Zunächst erhoffe ich mir Schmerzlinderung. Allerdings zieht die Schmerzsituation einen belastenden Rattenschwanz nach sich, der diverse Lebensbereiche berührt. Ich spüre, dass ich mir mehr wünsche als Linderung der körperlichen Schmerzen. Mehrere Jahre hatte ich gar nicht mehr gewagt, mir solche Fragen überhaupt zu stellen. Schließlich hieß es ja, dass ich mich mit meiner Situation abfinden müsse. Was erwarte ich denn überhaupt? Nach einigem Zögern antworte ich: »Ich wünsche mir mehr Lebensqualität. Wenn Sie mir dabei helfen könnten, wäre das wundervoll.« Auf dem Heimweg denke ich weiter über die Fragen des Schmerzmediziners nach und spüre, wie heilsam sie auf mich wirken. Ich fühle mich gesehen. Ernst genommen. Respektiert.

Auf einer Straße in Jericho hat Jesus einem blinden Bettler namens Bartimäus eine ähnliche Frage gestellt. Er hatte das Schreien von Bartimäus im Chaos der Menschenmenge gehört, rief ihn zu sich und stellte ihm die Frage: *»Was willst du, dass ich für dich tun soll?«* (Markus 10,51; LUT). Eine überraschende Frage angesichts der Tatsache, dass die Antwort für die meisten Umstehenden vermutlich auf der Hand lag. Ein Blinder will doch bestimmt sehen. Und genau das will Bartimäus auch: *»Ich möchte sehen können!«* Mich berührt, dass der Sohn Gottes Bartimäus zunächst respektvoll nach seinem Wunsch fragt. Er hätte ihn auch heilen können, ohne ihm diese Frage zu stellen. Doch er nimmt ihn ernst. Er drängt sich ihm nicht auf. Es ist ihm wichtig zu hören, was Bartimäus möchte. Ähnliches begegnet uns in der Geschichte, wo Jesus einen Mann am Teich Bethesda heilte, der zuvor achtunddreißig Jahre krank gewesen war (Johannes 5,5-9). Jesus fragte ihn: »*Willst du gesund werden?*« Er wollte. Und Jesus heilte seine Seele und seinen Körper.

»Was willst du, dass Jesus für dich tun soll?« Dies fragte mich meine Mentorin vor einigen Jahren. Eine Frage, die mich bis heute in verschiedenen Situationen begleitet. Was erwarte ich von jemandem, dem nichts unmöglich ist (Lukas 1,37)? Ich spüre, dass sich hier ein bedeutsamer Wachstumsraum öffnet. Wenn ich nichts oder wenig von Gott erwarte, werde ich auch nichts oder wenig empfangen. Er ist zu respektvoll, um sich mir aufzudrängen. Zudem bringe ich damit zum Ausdruck, wie wenig ich ihm eigentlich zutraue.

Was erwarten wir in schwierigen Zeiten? In belastenden Lebenssituationen? Stehen wir vielleicht in der Gefahr, in eine Negativität abzurutschen? »Ach, es wird bestimmt noch schlimmer kommen.« – »Siehst du, ich wusste ja, dass es nicht besser wird.« Ganz unbewusst erwarte ich manchmal, dass sich die Dinge zum Negativen entwickeln. Und weil meine Antennen einseitig auf Negatives eingestellt sind, scheint dies sogar zuzutreffen. In solchen Zusammenhängen ist von einer sich selbst erfüllenden Prophezeiung die Rede (self-fulfilling prophecy), einer Vorhersage, die ihre Erfüllung selbst bewirkt.

Was hindert mich denn eigentlich daran, Gutes zu erwarten? Fülle zu erwarten von dem, dem alles möglich ist? Die Blockaden liegen meist in mir selbst. In meinem Selbstbild (»Vermutlich habe ich es nicht anders verdient« etc.) oder in meinem Gottesbild (»vielleicht ist es die Konsequenz meines Unglaubens, dass Gott mir seine Heilung vorenthält« etc.). Fülle ist das, was Gott für seine Kinder vorgesehen hat. Der gute Hirte ist gekommen, um Leben zu bringen – *und dies im Überfluss* (Johannes 10,10), in ganzer Fülle. Die Fülle ist da, weil Jesus da ist. Der Knackpunkt bin ich. Bin ich bereit für ein Leben in Fülle? Und falls ja: Wie kann ich zu einem Leben in Fülle durchdringen? Wenn ich an einem reich gedeckten Tisch sitze – wie gelangt etwas von der Fülle der Festtafel zu mir? Indem ich davon nehme oder davon empfange. Genau darin liegt auch das Geheimnis der göttlichen Fülle: *Von sei-*

ner Fülle haben wir alle genommen Gnade um Gnade (Johannes 1,16; LUT). In anderen Übersetzungen steht: *haben wir empfangen Gnade um Gnade*. Das griechische Verb *lambano* kann beides bedeuten: *nehmen* und *empfangen*. Doch mir gefällt die aktive Formulierung, die Martin Luther hier gewählt hat. *Lambano* nicht im Sinne eines passiven, zögerlichen Empfangens, sondern vielmehr als aktives, zuversichtliches Ergreifen, als in Empfang- und Besitznehmen eines göttlichen Geschenks, das für mich bestimmt ist.

Fülle bedeutet nicht, dass sich alles in meinem Leben nach meinen Vorstellungen fügt. Fülle bedeutet auch nicht, über Gottes Handeln verfügen zu können. Fülle bedeutet, dass mir in Jesus alles geschenkt ist, um erfüllt und glücklich zu leben – unabhängig von äußeren Umständen. In ihm habe ich eine unvergängliche Hoffnung, eine Zukunft und ewiges Leben. So will ich in großer Erwartungshaltung vorwärtsglauben und Fülle erwarten.

> **Epheser 3,19** (GNB)
> Ihr sollt die Liebe erkennen, die Christus zu uns hat und die alle Erkenntnis überzeigt. So werdet ihr immer umfassender Anteil bekommen an der ganzen Fülle des Lebens mit Gott.

Hoffnungsschimmer:

Jesus Christus, danke, dass Du gekommen bist, um uns Leben in Fülle zu ermöglichen. Es tut mir leid, dass sich mein Kleinglaube mit so wenig begnügen will, während Du mir alles schenken möchtest. Ich will Großes von Dir erwarten – und mehr von Dir empfangen – mitten in aller Widersprüchlichkeit und Verletzlichkeit: Deine Fülle in meinem Mangel. Deine Stärke in meiner Schwachheit. Frieden im Schmerz. Weisheit in Ratlosigkeit. Umfassende Heilung in Krankheit. Trost in Traurigkeit. Gnade im Scheitern.

TEIL III:

HALT FINDEN IM MITEINANDER

Nicht nur der Hirte ist auf meiner Wanderung durch das dunkle Tal bei mir, sondern da sind auch Weggefährten. Im Bild von Psalm 23 gesprochen – andere Schafe. Davon zeugt der Hirtenstab. Während der Hirte mit seinem Stock die Raubtiere abwehrt, braucht er den Stab, um die Schafherde zu lenken.[28] Seltsam, dass man sich in der Gemeinschaft von anderen so einsam fühlen kann. Mutterseelenallein. Ob ich selbst schuld bin an diesem Dilemma? Oder sind es die anderen? Ob beide Seiten ihren Anteil

---

28 Keller, 2021, S. 106.

daran haben? Ich beobachte, dass sich auch meine Weggefährten oft einsam fühlen: in ihrer Hilflosigkeit und eigenen Herausforderungen. Womöglich ist das kollektive Empfinden von Einsamkeit sogar unsere größte Gemeinsamkeit.

Doch wie gelingt es uns, dass das Erleben von Unverständlichem uns nicht entfremdet oder gar entzweit, sondern dass Schmerzliches bestenfalls zur Chance für ein verändertes Miteinander wird? Es setzt voraus, dass wir uns dem, was in unseren Herzen vor sich geht, ehrlich stellen. Dass wir uns nicht hinter Schutzmauern und Masken verstecken, sondern mutig Verletzlichkeit wagen und berührbar bleiben mit allen Risiken, die damit verbunden sind. Nur so sind Herzensbegegnungen möglich. Ohne Herzensbegegnungen ist es schwierig, wahre Gemeinschaft zu leben.

In alldem braucht es viel Barmherzigkeit füreinander. Aber auch dringend mehr Verständnis für unsere Unterschiedlichkeit. Während introvertierte Personen wie ich dazu neigen, schweigend den Rückzug anzutreten, um weiteren Verletzungen vorzubeugen, kann sich der Schmerz und die Überforderung bei extravertierten Personen manchmal in heftigen Gefühlsausbrüchen äußern. In beiden Fällen ist es wichtig, den Schmerz hinter der Fassade zu erkennen.

Der gemeinsame Blick auf den Hirten, der in allem menschlichen Durcheinander den Überblick behält, ist der wichtigste Orientierungspunkt und die stärkste Verbindung überhaupt. Unter seiner liebevollen Führung dürfen wir täglich neu dazulernen.

36. »KEIN SCHWEIN RUFT MICH AN«
(von Rolf Sommer)

In der Sendung *Nachtexpress* von SRF1 spielen sie ein Lied von Max Raabe, das mir bestens vertraut ist: *Kein Schwein ruft mich an, keine Sau interessiert sich für mich, solange ich hier wohn, ist es fast wie Hohn, schweigt das Telefon. Kein Schwein ruft mich an, keine Sau interessiert sich für mich, und ich frage mich, denkt gelegentlich jemand mal an mich.*

Als ich dieses Lied in den 90er-Jahren zum ersten Mal hörte, amüsierte ich mich köstlich darüber. Zum einen bewunderte ich Max Raabe für seinen Mut, in aller Seelenruhe einen Refrain zu singen, der mit solch derben Wörtern durchsetzt war. Zum andern war ich beeindruckt davon, dass es ihm auf humorvolle Weise gelang, tiefe Wahrheiten zum Thema *Einsamkeit* zu verarbeiten.

Doch heute Abend wirkt das Lied ganz anders auf mich. Ich höre nicht mehr amüsiert auf den Text, sondern als Betroffener, der die gehörten Zeilen sehr gut nachvollziehen kann, da sie meine aktuelle Lebensrealität schmerzlich widerspiegeln.

Der Gesundheitszustand von Debora hat mich und uns als ganze Familie wiederholt an unsere Grenzen gebracht. Was als unglücklicher Stolperer begann, entpuppte sich nach einigen Wochen als Bandscheibenvorfall, der bereits Lähmungserscheinungen in Bein und Blase hervorrief. Eine Operation wurde unumgänglich. Nach der Operation musste Debora mehrere Wochen liegen. Mit einem Schlag war ich herausgefordert, nicht nur meiner Arbeit nachzugehen, sondern auch den Haushalt zu erledigen, meiner Frau beizustehen und mich um unsere beiden Kinder zu kümmern. Eine komplette Überforderung, wie ich schnell merkte, zumal ich mich zu jenem Zeitpunkt am Anfang einer Midlife-Crisis befand. Nur mit tatkräftiger Unterstützung vonseiten meiner Schwägerin Mirjam konnten wir die schlimme Anfangszeit überstehen. Gut, dass wir da noch nicht ahnten, wie lang und beschwerlich der Weg noch sein würde, der auf uns wartete. Zwei Jahre später war klar, dass Debora, sofern Gott nicht eingreifen würde, mit diesen Schmerzen würde leben lernen müssen.

Längst hatten gute Freunde und Besucher der Kirche, zu der wir gehören, von Deboras Gesundheitszustand erfahren und fragten gelegentlich nach, wie es ihr ging. Mittlerweile hatte ich mich daran gewöhnt, dass ich Deboras persönliches Auskunftsbüro geworden war. Ich hatte mir mehrere Texte im Kopf zurechtgelegt, die ich je nach Fragestellung abrufen konnte. Deboras Unfall und seine Folgen veränderten langsam, aber stetig nicht nur ihr Leben, sondern unser ganzes Familienleben. Ein unbeschwertes Eheleben gab es nicht mehr. Der Schmerz blieb, der ungebetene Gast, der unseren Lebensalltag mitbestimmte, mal mehr, mal weniger. Wir lernten, gemeinsam in einem Dauer-Ausnahmezustand zu leben. Was viele dabei übersahen, war, dass nicht nur Debora von diesen besonderen Umständen betroffen war, sondern wir alle. Das bedeutete, dass ich meine Rolle als Ehemann neu definieren und anpassen musste, was auch mich täglich herausforderte. Besonders dann, wenn Debora depressive Phasen durchlebte und im Familienkonstrukt praktisch zu 100 % ausfiel. Dann hing noch mehr an mir und an meiner Rolle als Ehemann und Vater. Besonders verletzte mich in dieser Zeit, dass für Außenstehende scheinbar nur Debora im Zentrum des Interesses stand. Keiner war da, der mal fragte, wie ich denn eigentlich mit diesem Ausnahmezustand zurechtkam. Ausgenommen jene sonntägliche Begegnung, bei der mich ein väterlicher Freund nach dem Gottesdienst auf Deboras Situation ansprach. Bereitwillig gab ich meine eingeübten Antworten zum Besten. Nachdem er mir aufmerksam zugehört hatte, fragte er mich: »Und wie geht es dir in alldem?« Diese Frage traf mich mitten ins Herz. Ich brachte keinen Ton heraus und konnte meine Tränen nicht zurückhalten. Seine Frage verschaffte einem längst aufgestauten Schmerz Bahn. Als ich nach dem Gottesdienst nach Hause ging, war ich Gott so dankbar, dass er mir einen Menschen geschickt hatte, der mich in meiner Bitterkeit, Traurigkeit und Einsamkeit abholte, verstand und tröstete.

Dieser flüchtigen Begegnung folgte ein langer gemeinsamer Abend. In Ruhe durfte ich erzählen, wie es mir ging, und von meinem Freund lernen. Denn auch seine Frau litt seit Jahren unter verschiedenen gesundheitlichen Beschwerden und musste sich schon mehreren schweren Operationen unterziehen. Er kannte das Problem des Vergessenwerdens. An jenem Abend gab er mir viele gute Tipps mit auf meinen persönlichen Weg, wie ich besser lernen konnte, mit der Rolle als Ehepartner einer chronischen Schmerzpatientin umzugehen und dabei auch mich selbst nicht aus dem Blick zu verlieren. Dafür bin ich ihm unendlich dankbar.

Psalm 43,5 (HFA)
Warum nur bin ich so traurig? Warum ist mein Herz so schwer? Auf Gott will ich hoffen, denn ich weiß: Ich werde ihm wieder danken. Er ist mein Gott, er wird mir beistehen!

Hoffnungsschimmer:

Danke, mein Gott, dass Du meine Traurigkeit kennst und ernst nimmst. Danke, dass Du mich nicht vergisst und mir Menschen in mein Leben schickst, die meine Situation verstehen und nachvollziehen können. Ihnen will ich mein Herz ausschütten, mich von ihnen trösten und ermutigen lassen und so selbst Tröster und Ermutiger im Leben von anderen werden.

37. VERBUNDENHEIT STATT EINSAMKEIT

Wie tragisch, dass sich so viele Menschen einsam fühlen oder sich sogar für ihre Gefühle schämen, weil sie davon ausgehen, dass niemand verstehen kann, wie es ihnen wirklich geht. Bis sie vielleicht eines Tages auf jemanden treffen, der Ähnliches wie sie erlebt hat, und sie merken, dass sie in Wahrheit gar nicht allein sind mit ihrem Erleben, ihren Gedanken und Gefühlen. Das gilt für Betroffene ebenso wie für Angehörige oder Bezugspersonen und ist das Geheimnis unzähliger Selbsthilfegruppen. Letztendlich steht Einsamkeit auch für die Sehnsucht nach Verbundenheit mit anderen Menschen. Je existenzieller die Not, desto dringender brauchen wir Verbundenheit mit anderen. Nur gemeinsam können wir der Einsamkeit entgegentreten. Doch das ist kein einfacher Weg. Er setzt voraus, dass wir bereit sind, uns auf einer Herzensebene zu verbinden, uns verletzlich zu machen und zumindest in Ansätzen Ehrlichkeit zu riskieren. In der Theorie ein Kinderspiel, in der praktischen Umsetzung eine Gratwanderung, die aufmerksames Beobachten, Hinhören sowie eine respektvolle und sorgfältige Kommunikation verlangt.

Auf der Suche nach biblischen Beispielen zum Umgang mit leidvollen Erfahrungen kommt man kaum an Hiobs Freunden vorbei. Meist werden sie als Negativbeispiele erwähnt im Hinblick darauf, wie Kommunikation auf keinen Fall stattfinden sollte. Dabei wird übersehen, dass ihr Verhalten – bevor sie zu ihren Reden ansetzen – überaus beeindruckend ist. Als die drei Freunde erfahren, welches Schicksal Hiob getroffen hat, lassen sie alles stehen und liegen, um ihren Freund zu besuchen: *Sie wollten ihm ihr Mitgefühl zeigen und ihn trösten* (Hiob 2,11b; HFA). Erschüttert von Hiobs Situation brechen sie in Tränen aus. Sie zerreißen ihre Kleider und streuen sich Staub auf den Kopf. Danach setzen sie sich zu Hiob auf den Boden. *Sieben Tage und sieben Nächte saßen sie da, ohne ein Wort zu sagen, denn sie spürten, wie tief Hiobs Schmerz war* (Hiob 2,13; HFA). Sieben Tage und Nächte lang nichts als Schweigen. Das muss man ihnen erst einmal nachmachen! Mit ihrem Verhalten folgen die drei Freunde der jüdischen Praxis, mit Trauernden Schiv'a zu halten. Das hebräische Wort *Schiv'a* bedeutet wörtlich *sieben* und bezeichnet eines der formellen Trauerstadien, das die jüdische Gemeinde nach dem Verlust eines Angehörigen durchläuft. Die Trauernden sollen spüren, dass sie in ihrem Schmerz nicht allein sind. Heute sitzen die Leute bei der Schiv'a auf flachen Kästen, um zu symbolisieren, wie niedergedrückt sie in ihrer Trauer sind. In biblischer Zeit saßen sie auf dem Boden, oftmals in der Asche oder in Hiobs Fall im Staub. Während der Schiv'a darf nur die trauernde Person das heilige Schweigen mit ihren Worten durchbrechen. Daher ist es bezeichnend, dass es Hiob ist, der zuerst spricht (ab Hiob 3). Die Anwesenheit seiner Freunde und ihre stille Gegenwart sind bestimmt tröstlich und hilfreich für ihn. Doch als sie ihrem Redefluss freien Lauf lassen und ihre Gedanken zum Besten geben, die sie sich eine Woche lang im Stillen zurechtlegen konnten, fühlt sich Hiob missverstanden und vor den Kopf gestoßen. Unter dem Wortschwall seiner Freunde wird Hiob zunehmend einsamer.

Wenn wir leiden, wächst unsere Sehnsucht danach zu erfahren, dass wir nicht allein sind. Der lebendige Gott weiß um dieses Bedürfnis. Daher hat er seinen Sohn Jesus Christus geschickt. Vom Propheten Jesaja wurde er als »Immanuel« angekündigt (Jesaja 7,14), was übersetzt bedeutet: »Gott ist mit uns«. Jesus ist da. Ganz nah bei uns. In jeder Lebenssituation. Egal, ob wir es spüren oder nicht. Von ihm dürfen wir lernen, was wahre Verbundenheit bedeutet und wie wir in Zeiten der Not sorgsamer und liebevoller miteinander umgehen können.

Damit Einsamkeit zu Verbundenheit wird, braucht es die Mithilfe aller, auch meine eigene. Neulich las ich in einem Artikel, dass Einsamkeit eine Gefängniszelle sei, die nur von innen geöffnet werden kann. Ich muss also selbst aktiv werden und damit aufhören, meine Mitmenschen für meine Situation und Einsamkeit verantwortlich zu machen. Das kann bedeuten, dass ich in einem vertraulichen Rahmen ehrlich mein Herz öffne und aufhöre, so zu tun, als ob ich alles im Griff hätte und alles in Ordnung wäre. Dadurch gebe ich anderen Menschen die Möglichkeit, auf meine Einsamkeit zu reagieren. Im besten Fall – und bei hilfreicher Reaktion des Gegenübers – kann auf diese Weise ein zartes Band der Verbundenheit geknüpft werden. Der Weg in Richtung Verbundenheit ist ein Wagnis, das von allen Beteiligten Mut und Barmherzigkeit erfordert. Doch sollten wir nicht alles daransetzen, der Einsamkeit gemeinsam die Stirn zu bieten?

Apropos Selbsthilfegruppen – abschließend ein etwas anderer Blick auf christliche Gemeinschaften aus den Augen des Pastors und Suchtberaters Volker Halfmann: »Ich wünsche mir, dass wir wieder mehr merken, dass die christliche Gemeinde nichts weiter ist als der Club der Gestrandeten – auch wenn viele sich selber nicht so sehen. Eigentlich sind wir eine riesige Selbsthilfegruppe, eine Gemeinschaft von mehr oder weniger kranken Menschen, die es alleine nicht gebacken kriegen, aber die Jesus berufen hat. Wenn dieses Denken wieder Schule macht, dann kommt auch wieder mehr Gnade in die Gemeinden.«[29]

Römer 12,15
Freut euch mit denen, die sich freuen;
weint mit denen, die weinen.

29 Volker Halfmann: »Schämt euch nicht«. In: MINDO Magazin. https://mindo-magazin.de/volker-halfmann-zwangsstoerung-schaemt-euch-nicht/ [Stand: 28.08.2022].

Hoffnungsschimmer:

Immanuel, Gott ist mit uns! Wie dankbar bin ich, Jesus Christus, dass Du uns jederzeit und in jeder Situation nah bist – in Freude und im Schmerz. Wie sehr sehne ich mich aber auch nach Verbundenheit mit anderen Menschen. Weil ich niemandem zur Last fallen möchte, fehlt es mir oft an Mut, mich ehrlich mitzuteilen. Zu groß ist die Angst vor einer verletzenden Reaktion. Doch in Deiner Kraft will ich meine Gefängniszelle erwartungsvoll von innen aufstoßen.

38. REDEN IST IMMERHIN SILBER

Reden ist immerhin Silber. So lautete der Titel des Erstlingswerks von Beni Thurnheer, einem Schweizer Sportreporter und TV-Moderator, der für seine Redegewandtheit nationale Bekanntheit erlangte. Reden ist zweifellos elementar im Unterwegssein mit anderen Menschen. Doch manchmal können Worte mehr Last als Segen sein. Neulich habe ich ein Interview gelesen, in dem ein schwer kranker Christ gefragt wurde: »Was ist besonders schlimm für dich in deinem Leiden?« Er antwortete: »Das Schlimmste sind [...] die Hunderte von meist gut gemeinten Ratschlägen, die mich ständig erreichen.«[30] Ganz und gar nicht hilfreich seien Menschen – manchmal Fremde, manchmal Freunde –, die ihm in einer verurteilenden Haltung mitteilten, warum er leiden müsse, und ihm Anweisungen für sein zukünftiges Verhalten erteilten.

Worte haben große Macht. Zum Guten eingesetzt, können sie lebensfördernd, stärkend und ermutigend sein, zum Negativen eingesetzt, können sie entmutigen, verletzen und zerstören. Sie können ein Gefühl der Verbundenheit erzeugen oder aber zum Auslöser für schmerzlich empfundene Einsamkeit werden. In Psalm 141,3 (ELB) bittet David: »*Bestelle, HERR, eine Wache für meinen Mund! Wache über die Tür meiner Lippen!*« Viele sind sich der Tatsache bewusst, dass Worte Schaden anrichten können. Um dies zu vermeiden, kippen sie ins andere Extrem und schweigen.

---

30 Erich Reber, interviewt durch Jens Kaldewey am 02.08.2020. *Ein Mann im Feuerofen.* Online im Internet: https://tinyurl.com/4swv83ku [Stand: 26.08.2022].

In der Annahme, dass es besser sei, gar nichts zu sagen als etwas Falsches. Es bleibt ein Spannungsfeld. Doch wenn wir im Umgang mit Leid und Schmerz aus lauter Angst vor allfälligen Missverständnissen jegliche Worte vermeiden, berauben wir uns der vielleicht kostbarsten Kraft- und Trostquelle überhaupt. Wir berauben uns auch der Chance, den Bereich der Kommunikation als Übungsfeld zu sehen. Nur wenn wir offen miteinander sprechen, können Missverständnisse geklärt und ein achtsamer Umgang mit Worten eingeübt werden. Auch hier ist Ehrlichkeit von beiden Seiten gefragt. So ist es zum Beispiel nicht fair, mich als Betroffene einfach in eine Opferrolle zurückzuziehen, wenn mich jemand mit Worten verletzt hat. Wie soll mein Gegenüber es bei einem nächsten Mal besser machen, wenn ich mich nicht dazu äußere?

Andererseits ist Zurückhaltung im Hinblick auf überhöhte Erwartungen an Angehörige oder Bezugspersonen geboten. Als ob deren Worte ein Wundermittel wären, das die Welt von Betroffenen wieder in Ordnung bringen müsste. Im Fall von Missverständnissen, gegenseitigen Verletzungen oder Schuldzuweisungen wäre eine ehrlich gemeinte Entschuldigung ein hilfreicher Anfang. Nicht selten geschehen Verletzungen dann, wenn die Nerven blank liegen und das Gegenüber zum Ventil für aufgestaute Gefühle wird.

Zum Guten eingesetzt, sind Worte ein großer Segen! Worte können trösten, ermutigen, liebevoll zurechtweisen und eine hoffnungsvolle Perspektive aufzeigen. Gottes Wort ist der beste Beweis dafür. Der Prophet Jeremia bezeugte: *Dein Wort ward meine Speise, sooft ich's empfing, und dein Wort ist meines Herzens Freude und Trost* (Jeremia 15,16a; LUT). In Jesus Christus hat das Wort Gottes sogar menschliche Gestalt angenommen (Johannes 1,1.14). An seinem Vorbild dürfen wir lernen, wie auch menschliche Worte zu einer Kraftquelle im Miteinander werden – in der Familie, in der Ehe, unter Freunden, im Umgang mit unseren Kindern oder unseren Eltern, am Arbeitsplatz, in der Kirche oder wo auch immer. In der Bibel finden sich viele Anweisungen im Hinblick auf den Umgang mit Worten und deren Wirksamkeit: *Sorgen drücken einen Menschen nieder; ein gutes Wort richtet ihn auf* (Sprüche 12,25; GNB). *Ein freundliches Wort ist wie Honig: angenehm im Geschmack und gesund für den Körper* (Sprüche 16,24; HFA). *Redet nicht schlecht voneinander, sondern habt ein gutes Wort für jeden, der es braucht. Was ihr sagt, soll hilfreich und ermutigend sein, eine Wohltat für alle* (Epheser 4,29; HFA). *So ermutigt und tröstet einander* (1. Thessalonicher 5,11a; HFA).

Worte sind ein kostbares Geschenk, das einen verantwortungsvollen Umgang verlangt. Lasst uns mit Worten einen Unterschied machen. Uns auf unbekanntes Terrain begeben, weg von frommen Plattitüden und Floskeln, hin zum aufmerksamen Zuhören und Gebrauch von hilfreichen Worten zur rechten Zeit. Lasst uns Worte so einsetzen, dass wir uns weniger einsam, aber stärker verbunden fühlen. Und falls die Kommunikation verstummt ist – dann lasst uns mutig einen neuen Anlauf wagen.

Sprüche 25,11 (LUT)
Ein Wort, geredet zu rechter Zeit,
ist wie goldene Äpfel auf silbernen Schalen.

Hoffnungsschimmer:

Himmlischer Vater, danke für das Geschenk der Sprache. Lass mich verantwortungsbewusst damit umgehen und meine Worte weise wählen. Hilf mir, dass ich mich nicht nur um mich selbst und meinen Schmerz drehe, sondern dass mein Herz für andere Menschen offen bleibt. Damit ich anderen ein Gegenüber sein darf, wie ich es für mich selbst wünsche.

39. TOXISCHE POSITIVITÄT MEIDEN

»Meine Schwägerin hatte genau das Gleiche wie du und bei ihr ist es längst wieder gut, also wird das auch bei dir möglich sein.« – »Zum Glück ist es nicht lebensbedrohlich.« – »Sei dankbar, dass es nicht schlimmer ist. Anderen geht es viel schlechter als dir.« – »Kopf hoch, es wird schon besser. Du musst nur positiv bleiben.« – »Alles wird gut.« – »Alles hat seinen Grund und letztlich wird dir alles zum Besten dienen.« Solche oder ähnliche Sätze habe ich in den vergangenen Jahren wiederholt gehört. Ausgesprochen mit besten Absichten, um mich zu trösten und zu ermutigen. Mir ist bewusst, dass eine positive Lebenseinstellung grundsätzlich wichtig ist und hilfreich sein kann. Nichtsdestotrotz fühlen sich Aufmunterungen dieser Art wenig tröstlich an. Meist fühlte ich mich danach noch schlechter als vorher. Noch einsamer. Noch missverstandener.

Man kann es im Leben mit allem übertreiben, so auch mit der Positivität. Hinter einer Denkweise, die negative Gefühle bagatellisiert und weglächelt, kann ein Phänomen stecken, das Experten »toxische Positivität« nennen (im englischsprachigen Raum bekannt als »Toxic Positivity«). Toxische Positivität steht für den Zwang, alles positiv zu sehen und sich glücklich zu fühlen, auch wenn man es nicht ist. Auf der Suche nach einer positiveren inneren Haltung lautet die Quintessenz häufig: »Wenn du dich nur genügend anstrengst, kannst du immer glücklich sein.« Das macht in Wirklichkeit nicht Mut, sondern setzt massiv unter Druck. Dieser Druck trägt kaum zu mehr Zufriedenheit bei, sondern schafft neue Probleme. Negative Gefühle werden ignoriert, unterdrückt und verdrängt. Dabei können auch Schamgefühle eine Rolle spielen, da das Zeigen von negativen Emotionen wie Traurigkeit mit Schwäche assoziiert wird. Belastendes, Trauriges oder Angstmachendes auszublenden oder sogar zu verdrängen, kostet langfristig einen sehr hohen Preis. Viel hilfreicher ist stattdessen eine konstruktive Auseinandersetzung mit der Realität. Angefangen damit, dass auch unangenehme und schmerzliche Gefühle zugelassen und verbalisiert statt tabuisiert werden. Im ehrlichen Gespräch mit einer Vertrauensperson – einem Freund, einer Freundin, einem Mentor, einer Expertin – kann ein Prozess in Gang gesetzt werden, der schmerzliche Gefühle und Zustände als Teil der gegenwärtigen Realität ernst nimmt und akzeptiert.

Jeder Mensch ist einzigartig. Das gilt auch im Hinblick auf die jeweiligen Krankheitsgeschichten. Mit anderen Kranken verglichen zu werden, tut weh, weil die individuelle Leidensrealität dadurch bagatellisiert wird. Es ist nicht in Ordnung, Leidende davon zu überzeugen, dass ihre Probleme nicht wichtig sind, weil andere mit noch Schlimmerem kämpfen müssen. Natürlich wird es immer jemanden geben, dem oder der es schlechter geht als mir. Andererseits sind auch meine Herausforderungen real. Wenn jemand an einer Krankheit leidet oder seelischen Schmerz empfindet, können wir ihm nicht einfach sagen, dass das alles nur eine Frage der positiven Einstellung ist. Dasselbe gilt, wenn jemand einen geliebten Menschen verloren hat. Es wäre lieblos zu sagen, dass alles wieder gut wird. Das Leben wird nie mehr gleich sein und der Verlust bleibt ein lebenslanger Begleiter. Solche Tatsachen zu ignorieren, wird den Schmerz nur verlängern. Daher sollten wir vorsichtig sein, negative Gefühle des Gegenübers herunterzuspielen. Es ist ein schmaler Grat zwischen Unterstützung und einer Bagatellisierung der Sorgen anderer. Und es ist nicht fair, unsere Hilflosigkeit oder Unbeholfenheit hinter toxischem Optimismus oder unangemessenen Durchhalteparolen zu verbergen.

Der Zwang zum Glücklichsein macht auch vor christlichen Kreisen nicht halt. Dort findet toxischer Positivismus in manchen frommen Plattitüden Ausdruck oder indem man Bibelverse in unangemessener und verletzender Weise missbraucht. Besonders oft wird in diesem Zusammenhang Römer 8,28a (LUT) zitiert: *Wir wissen aber, dass denen, die Gott lieben, alle Dinge zum Besten dienen*. Wenn man Leidende vorschnell mit diesen Worten konfrontiert und ihr Erleben dadurch verharmlost, wird man dem biblischen Kontext nicht gerecht. Paulus weiß, dass unsere irdische Existenz brüchig und die uns zur Verfügung stehenden Kräfte oft sehr begrenzt sind. Der Schmerz kann so überwältigend sein, dass es uns sogar die Sprache verschlägt. Mitten in unserer Sprachlosigkeit kommt uns Gottes Geist sprachmächtig zu Hilfe (Römer 8,26). Die Elberfelder Bibel ist näher beim griechischen Urtext, wenn sie Römer 8,28a wie folgt übersetzt: *Wir wissen aber, dass denen, die Gott lieben, alle Dinge zum Guten mitwirken*. Für »mitwirken« steht im Griechischen ein Verb, das von *Synergie* abgeleitet ist. Die Erfahrung von Schwachheit, Sprachlosigkeit und Leidvollem kann im Leben eines Menschen, der auf Gott vertraut, eine geheimnisvolle Synergie bewirken, die den Betroffenen nicht zerstört, sondern ihn am Erlebten wachsen lässt.

Toxischer Positivismus ist in keiner Weise hilfreich. Auch nicht in frommem Gewand. Viel mutiger und tröstlicher ist es, die schmerzliche Realität einer gebrochenen Welt gemeinsam auszuhalten. Negative Gefühle auszuhalten. Hilflosigkeit auszuhalten. Und sich in der Kunst des Mittragens und Tröstens zu üben: »Trost findet die Kraft und den Mut, den anderen in seinem Leid auszuhalten. Am besten trösten wir, wenn wir wissen, dass wir uns hilflos fühlen und der andere auch und dass das in Ordnung ist.«[31] Wie Trost im konkreten Fall aussieht, ist individuell. Vielleicht ist es die Frage: »Wie kann ich dich unterstützen in deiner Situation?« Vielleicht ist es eine Umarmung. Ein Händedruck. Physische Nähe

---

31 Karin Ackermann-Stoletzky, interviewt von Sabine Müller. »Am besten trösten wir, wenn wir unsere Hilflosigkeit aushalten.« In: MINDO Magazin. https://mindo-magazin.de/seelsorge-troesten-antworten; [Stand: 28.08.2022].

und Stille. Zeit. Gemeinsames Weinen. Gemeinsames Klagen vor Gott. Liebevolles Zuhören. Eine Tasse Tee. Ein Lied. Ein Blumenstrauß. Das alles kann Trost bedeuten.

Philipper 2,1

Nicht wahr, es ist euch wichtig, einander im Namen von Christus zu ermutigen? Es ist euch wichtig, euch gegenseitig mit seiner Liebe zu trösten, durch den Heiligen Geist Gemeinschaft miteinander zu haben und einander tiefes Mitgefühl und Erbarmen entgegenzubringen?

Hoffnungsschimmer:

Herr, lehre uns, die Realität dieser gebrochenen Welt in aller Begrenztheit und Hilflosigkeit gemeinsam mit anderen auszuhalten. Mach uns fähig, aufrichtig zu trösten, aber auch Trost von anderen zu empfangen. Du hast uns vorgelebt, was Mitgefühl, Erbarmen und Trost bedeuten. Mögen die Leiden unserer Seelen in der Kraft des Heiligen Geistes zu Quellen der Offenbarung werden.

40. SCHWEIGEN IST NICHT IMMER GOLD

»Wie geht es dir?« ist auf meinem Handydisplay zu lesen. Es tut mir gut, dass jemand nachfragt. Ich nehme mir Zeit für die Antwort. Sie ist mir wichtig. Denn ich weiß, dass ich lernen muss, ehrlicher zu werden, um anderen die Chance zu geben, auf meinen Schmerz zu reagieren. Gesendet. Kurz darauf sehe ich, dass meine Antwort gelesen wurde. Gespannt warte ich auf eine Reaktion. Doch das Warten ist vergebens. Einige Stunden später ist noch keine Reaktion da. Auch einen Tag später nicht. Selbst nach mehreren Tagen warte ich immer noch auf eine Reaktion. Dieses Erlebnis ist kein Einzelfall. Es macht deutlich, wie schwierig, sensibel und angespannt der Bereich der Kommunikation in Situationen ist, in denen weder die Betroffenen noch Menschen aus ihrem Umfeld wissen, wie sie sich am besten verhalten sollen.

Im Fall von Hiobs Freunden wäre es in der Tat hilfreicher gewesen, wenn sie weiter geschwiegen hätten, statt Hiob mit lieblosen Rat-Schlägen zu quälen. In letzter Zeit habe ich in verschiedenen Predigten oder Texten im Umgang mit Leid gehört bzw. gelesen, dass Schweigen die hilfreichste Reaktion von allen wäre. Doch »Reden ist Silber, Schweigen ist Gold« bedeutet im Umkehrschluss nicht automatisch, dass Schweigen in jedem Fall die bessere Wahl ist. Auch Schweigen kann manchmal sehr verletzend sein. Insbesondere dann, wenn es im Kontext der digitalen Kommunikation geschieht, wo mein Gegenüber außer Sichtweite ist und ich nicht weiß, ob die Person einfach keine Zeit mehr fand zu antworten, ob ihre Frage eher rhetorischer Natur war und so weiter. Ein solches Schweigen lässt zu viel Interpretationsspielraum offen für Menschen, die aufgrund ihrer Situation eh schon dünnhäutig, angespannt und vielleicht lahmgelegt sind und viel Zeit zum Grübeln haben.

Das Schweigen von Hiobs Freunden geschah in einem Rahmen der unmittelbaren physischen Nähe. Die Freunde saßen bei Hiob und teilten seinen Schmerz. Hiob sah ihre zerrissenen Kleider, den Staub auf ihrem Kopf und wie sie mit ihm aushielten und litten. Wenn ich jemandem gegenüberstehe, sich ein tieferes Gespräch ergibt und mein Gegenüber an einem bestimmten Punkt antwortet: »Mir fehlen die Worte. Ich weiß nicht, was ich dazu sagen soll«, ist dies um ein Vielfaches tröstlicher, als wenn in der digitalen Kommunikation keine Reaktion erfolgt. Oft ist es schlicht und einfach Hilflosigkeit, die Menschen verstummen lässt. Das ist absolut nachvollziehbar. Aber wenig tröstlich. Denn eigentlich bräuchte es gar nicht so viel, dass eine Reaktion tröstlich wäre. So empfinde ich es zumindest. Als mich vor einigen Monaten jemand in einer Textnachricht fragte: »Wie geht es dir?« und ich ehrlich antwortete, dass es mir zurzeit physisch und psychisch nicht gut geht, kam zunächst ebenfalls keine Reaktion mehr von der anderen Seite. Der Chat blieb stumm. Ich hakte den Austausch schon als erledigt ab, als die Person einige Stunden später mit den folgenden Worten reagierte: »Du tust mir so leid.« Das hat mich so berührt, dass mir die Tränen kamen. Es hat mich getröstet zu spüren, dass jemand ehrlich mitleidet und ich dieser Person nicht egal bin. Ich persönlich empfinde eine solche Reaktion als weit hilfreicher und tröstlicher, als wenn gar nichts mehr kommt. Es gibt kaum etwas Kostbareres als die ehrliche Anteilnahme von Mit-Leidern, die bereit sind, Situationen mitzutragen und auszuhalten. Gleichzeitig weiß ich aus eigener Erfahrung, wie schwierig es ist, Menschen beizustehen, wenn sich eine Situation über lange Zeit nicht zum Guten wendet oder vielleicht sogar noch verschlimmert. Umso dringender sollten jene Menschen wenigstens hin und wieder daran erinnert werden und spüren, dass sie nicht ganz allein und von allen vergessen sind.

Schon kleinste Ermutigungen können einen wesentlichen Unterschied machen. Zum Beispiel eine Textnachricht mit den Worten: »Ich bin in Gedanken bei dir.« – »Ich bete für dich.« – »Ich habe dir einen kleinen Gruß vor die Haustüre gestellt.« – »Darf ich dich auf einen Kaffee einladen?« Oder ein Liebeszeichen zum Anfassen, Anschauen oder zur Alltagshilfe: ein überraschender Brief im Briefkasten. Eine Blume aus dem Garten. Ein Essen zum Aufwärmen. Solche oder andere Zeichen der Aufmerksamkeit und Verbundenheit sind so viel kraftvoller, als viele für möglich halten. Es ist weniger die Aktion an sich als vielmehr die tröstliche Botschaft dahinter: »Du bist mir wichtig.« – »Ich habe dich nicht vergessen.« – »Du bist nicht allein!«

Es muss sich aber auch nicht alles um die Betroffenen drehen. Denn viele von ihnen möchten liebend gerne Anteil nehmen am Leben, den Nöten und Herausforderungen ihrer Freunde und Bekannten. Vor einigen Wochen erzählte mir eine hübsche junge Frau im Rollstuhl unter Tränen, ihre Freunde würden ihr kaum noch Anteil an ihrem Erleben geben. Es hieße jeweils nur: »Ach, weißt du, im Vergleich mit deiner Situation sind meine Probleme nicht von Belang.« Durch das Schweigen ihrer Freunde fühlte sie sich zutiefst verletzt und ausgegrenzt. Der Möglichkeit beraubt, Anteil zu nehmen und mitzutragen.

Deshalb: Lasst uns unser Reden und Schweigen weise wählen.

Aus Prediger 3,1-7 (NLB)
Alles hat seine Zeit.
Weinen hat seine Zeit wie auch das Lachen.
Umarmen hat seine Zeit wie auch das Loslassen.
Schweigen hat seine Zeit wie auch das Reden.

Hoffnungsschimmer:

Jesus Christus, ich möchte lernen, weniger von Menschen zu erwarten und dafür unerwartete Liebeszeichen voller Dankbarkeit als solche wertzuschätzen. Wenn Menschen nicht in der Lage sind, meine Situation so mitzutragen, wie ich mir das erhoffe, bleibst Du der beste Mit-Leider, den man sich wünschen kann (Hebräer 4,15). Lass mich im Umgang mit anderen Menschen noch besser herausspüren, wann es Zeit zum Reden und wann es Zeit zum Schweigen ist.

41. DEN SCHMERZ DAHINTER SEHEN

Bestürzt höre ich zu, was physisch oder psychisch Kranke über ihre Erfahrungen im Kontext christlicher Gemeinschaften berichten. Ohne undifferenziert sämtliche Kirchen über einen Kamm zu scheren, ist nicht zu übersehen, dass hier dringender Handlungsbedarf besteht. Ob fehlende Sensibilität in diesen Belangen in einem christlichen Kontext vielleicht umso schmerzlicher ist, weil die Erwartungen an einen Ort, der christliches Verhalten wie Liebe, Respekt, Mitgefühl, Barmherzigkeit und Ehrlichkeit erwarten lässt, ungleich höher sind als anderswo?

Eine attraktive Mittvierzigerin erzählt, dass sie in der ersten Zeit nach ihrer schweren Erkrankung unglaublich wütend geworden sei. Sie sprach auf keine Behandlung an und fühlte sich körperlich elend, was ihre Wut und Hilflosigkeit verstärkte. Sie war nicht nur wütend auf die Situation, sich selbst und andere Menschen, sondern auch wütend auf Gott, der ihr das alles zumutete und sie quasi ihrem Schicksal überließ. Ihrem extravertierten Naturell entsprechend ließ sie ihren Gedanken freien Lauf – auch in der Kirche, der sie angehörte. Wenig später wurde sie von einigen besorgten Christen zur Rede gestellt. Man warf ihr ungeistliches Verhalten vor und ermahnte sie, dass sie unbedingt ihre Emotionen in den Griff bekommen müsse. Die junge Frau fühlte sich so verletzt und unverstanden, dass sie die Gemeinschaft verließ und sich seither keiner neuen christlichen Gemeinschaft mehr angeschlossen hat.

Während ich der Frau zuhöre, erinnere ich mich an die Nachricht eines Pastors. Da Rolf und ich einige Zeit zuvor in seiner

Kirche zu Gast waren, um dort auf die Unterschiedlichkeit von introvertierten und extravertierten Menschen aufmerksam zu machen, wandte er sich in der folgenden Angelegenheit an mich: *»Liebe Debora, wir hatten jetzt schon mehrfach die Situation, dass Menschen innerhalb unserer Kirche schwere medizinische Diagnosen erhielten. Statt diese Last mit anderen zu teilen, haben sie's mit sich selbst ausgemacht und sind gegenüber der Kirche auf Distanz gegangen. Aus meiner extravertierten Perspektive absolut nicht nachvollziehbar. Wenn ich leide, brauche ich die Empathie der Gemeinschaft. Wäre es ein mögliches Erklärungsmuster, dass Introvertierte in Leiderfahrungen die Gemeinschaft als überfordernd erleben?«*

So unterschiedlich das Erlebnis der Mittvierzigerin und die Not des Pastors sind, im Kern geht es bei beiden Beispielen darum, den Schmerz, die Überforderung und Angst hinter dem befremdlichen Verhalten einer leidenden Person zu erkennen: den Schmerz hinter dem Gefühlsausbruch der extravertierten jungen Frau. Den Schmerz hinter dem schweigenden Rückzug der introvertierten Personen im Beispiel des Pastors. Es erfordert Aufmerksamkeit, Empathie und Zeit, nicht vorschnell über andere und ihr Verhalten zu urteilen, sondern herauszufinden, was sich hinter der Fassade abspielt.

Extravertierte Personen gehen in der Regel offener und lauter mit ihrem Schmerz um als introvertierte Menschen. Denn extravertierte[32] verarbeiten das, was ihnen widerfährt, typischerweise nach außen. Sie suchen Halt, Orientierung und Antworten im Gespräch mit anderen Menschen. Die Gemeinschaft ist eine wichtige Kraftquelle für sie. Introvertierte[33] verarbeiten stärker nach innen. Je überfordernder eine Situation, desto dringender benötigen sie Rückzug und Distanz, um ihr inneres Chaos zu ordnen und sich über die nächsten Schritte klar zu werden. Viele müssen erst innerlich etwas Halt finden, bevor sie in der Lage sind, sich anderen Menschen gegenüber zu öffnen. Gemeinschaft mit anderen emp-

32 Von Lateinisch *extra vertere* = nach außen wenden.

33 Von Lateinisch *intro vertere* = nach innen wenden.

finden sie als Kraftakt. Vor allem, wenn es ihnen schlecht geht. Im Gegensatz zu extravertierten, denen man meist auf den ersten Blick ansieht, ob es ihnen gut geht oder nicht, ist dies bei introvertierten oft überhaupt nicht zu erkennen, da ihre wahren Gefühle hinter einer Maske verborgen bleiben. Ob Gefühlsausbruch oder stoisches Schweigen, beides kann das Alarmsignal einer verletzten Seele sein.

Es ist von großer Bedeutung, dass wir uns – fern von geistlichen Bewertungen – bewusst machen, dass unsere Unterschiedlichkeit jeden Bereich unseres Miteinanders prägt. So unterschiedlich Betroffene sind, so unterschiedlich sind auch diejenigen, mit denen sie unterwegs sind. Missverständnisse sind vorprogrammiert. Und ehe man sichs versieht, können sie zu einem Konflikt oder gar zu einem Zerwürfnis führen. Wie viel davon könnte sich vermeiden lassen, wenn wir bereit wären, den Schmerz hinter der Fassade unseres Gegenübers wahrzunehmen?

1. Samuel 16,7b (HFA)
Ich urteile nach anderen Maßstäben als die Menschen. Für die Menschen ist wichtig, was sie mit den Augen wahrnehmen können; ich dagegen schaue jedem Menschen ins Herz.

Hoffnungsschimmer:

Himmlischer Vater, ich will mich ehrlich darum bemühen, nicht vorschnell über andere Menschen zu urteilen, sie in eine Schublade zu stecken oder als mühsam abzuschreiben. Erinnere mich daran, dass bei Dir nicht Äußerlichkeiten zählen. Du siehst uns allen mitten ins Herz. Ich will mich an Dich halten und von Dir lernen, barmherzig zu sein – mit anderen Menschen, aber auch mit mir selbst. Und wenn es wichtig ist für unser Miteinander, lass mich bitte den Schmerz hinter der Fassade meines Gegenübers erkennen.

42. HEILSAME GEMEINSCHAFT ER-LEBEN

»Wäre es ein mögliches Erklärungsmuster, dass Introvertierte in Leiderfahrungen die Gemeinschaft als überfordernd erleben?«, fragte der Pastor, in dessen Kirche Rolf und ich einige Zeit zuvor zu Gast gewesen waren. Seine Ausgangsfrage führte zu allgemeinen Überlegungen im Hinblick auf das Wesen und die Qualität von Gemeinschaft: *»Was wäre dann die Rolle der Gemeinschaft? Oder ist das kein Erklärungsmuster und müsste ich eher nach der Qualität der Gemeinschaft fragen, die möglicherweise keinen angstfreien Raum darstellt?«* Überaus wichtige Fragen.

Von welcher Qualität und Beschaffenheit muss eine Gemeinschaft sein, damit sie heilsam erlebt wird? Heilsame Gemeinschaft erfordert mehr als gemeinsame Aktivitäten und gelegentliche Berührungspunkte. Es braucht Herzensbegegnungen auf einer existenziellen Ebene, in einem schützenden Raum des Vertrauens. Vertrauen wächst da, wo ich mich verstanden fühle und ehrlich sein darf, ohne Angst vor Bewertungen und Verurteilungen. Wo ich es wage, meine Wunden zu zeigen und mich dadurch verletzlich und berührbar zu machen. Wo ich Zweifel und nagende Fragen ehrlich in Worte fassen darf und weiß, dass mein Gegenüber vertraulich damit umgeht. Wo Verständnis da ist, wenn meine körperlichen oder emotionalen Kräfte nicht für eine Begegnung ausreichen.

All dies von einer großen Gruppe – wie der Gesamtheit aller Mitglieder einer christlichen Gemeinschaft oder einer versammelten Menge von Gottesdienstbesuchern – zu erwarten, ist illusorisch. Enttäuschungen sind vorprogrammiert. Je größer der

Rahmen, desto größer die Anonymität und Distanz. Das schließt keineswegs aus, dass man nicht auch im großen Rahmen, wie zum Beispiel einem Gottesdienst, offen über die Realität von Schmerz und Leid sowie über persönliche Herausforderungen und Nöte sprechen sollte. Sei es in der Moderation, in Anbetungszeiten, in der Predigt oder in Erfahrungsberichten. Das ist sogar äußerst wichtig. Und es schadet nicht, sich selbstkritisch zu fragen: Wo gibt es in unseren Gottesdiensten Raum für schmerzvolle Erfahrungen und Unverständliches? Wollen wir nur Erlebnisberichte hören, in denen sich eine Notsituation dank Gottes Hilfe zum Guten gewendet hat, oder sind auch Erlebnisberichte willkommen, in denen es um Niederlagen, Scheitern und Entmutigung geht? Gibt es auch Raum für Klagelieder?

Herzensbegegnungen in einer größeren Menschenmenge sind wohl eher die Ausnahme und meist nur punktuell möglich. Heilsame Gemeinschaft lebt davon, dass Menschen über eine längere Zeit Leben teilen und man sich auf einer tieferen Ebene verbindet. Beispielsweise im Rahmen einer Kleingruppe, Peergroup oder Zweierschaft. Doch wie kann man als Gemeinschaft Menschen mittragen, die nicht bereit sind, sich mitzuteilen? In diese Richtung zielen die Fragen des Pastors. Dass nicht jede Person ihre Not mit der ganzen Kirche teilen möchte, kann ich nachvollziehen. Denn nicht immer ist ehrliche Anteilnahme der Beweggrund, wieso Menschen gerne informiert sein möchten. Manchmal ist es auch einfach Neugier. Spätestens wenn man über verschiedene Kanäle erfährt, was hintenrum geredet wird, wird man vorsichtiger und stiller. Wenn ich mich in schwierigen Zeiten von anderen distanziere, kann es daran liegen, dass ich zu überfordert bin mit der Bewältigung meiner Situation und mir die Kraft für Begegnungen fehlt. Vielleicht auch, weil ich nicht auf Fragen antworten möchte, deren Antworten ich selbst nicht weiß. Dazu kommt die Angst, von anderen Menschen verletzt zu werden, da ich in solchen Phasen extrem dünnhäutig bin. Und schließlich ist da noch die Unsicherheit, ob ich mich anderen mit meinem Schmerz überhaupt zumuten darf. Wenn es sich um eine zeitlich absehbare

Situation handelt, mute ich mich anderen vielleicht noch eher zu. Doch was ist, wenn kein Ende absehbar ist?

Das Dilemma ist, dass Leidende dringend Menschen an ihrer Seite brauchen, die ehrlich Anteil nehmen, diese das aber nicht tun können, solange sie nichts davon wissen. Eine Möglichkeit kann sein, dass sich Betroffene selbst einen Kreis von Vertrauten suchen und dies persönlich informieren. Das habe ich selbst ausprobiert, indem ich einem Kreis von Vertrauten ungefähr ein Jahr lang via WhatsApp Informationen und Gebetsanliegen zukommen ließ. Eines Tages kam ich zu dem Schluss, dass ich damit aufhören möchte. Die Gründe dafür waren vielschichtig. Trotzdem denke ich, dass solche Ansätze richtungsweisend sind. Umso mehr, wenn die Verantwortung nicht bei den Betroffenen liegt. Ideal wären gewisse Informationskanäle (z. B. per Chat, E-Mail oder Telefon), die einerseits Vertraulichkeit und andererseits Freiraum gewährleisten. Eine diskrete Gebetsgruppe oder ein Kreis des Vertrauens, dem man Anliegen zukommen lassen darf, wenn man möchte.

In jedem Fall ist heilsame Gemeinschaft auf ehrliche Kommunikation angewiesen. Statt darüber zu spekulieren, wieso sich jemand zurückzieht, wäre es viel sinnvoller, das Gespräch mit Betroffenen zu suchen: »Was würde dir in der gegenwärtigen Situation helfen?« – »Wie können wir dich unterstützen?« – »Was erwartest du von uns?« Im besten Fall könnten solche Fragen viel Klärung schaffen. Denn selbst wenn sich eine betroffene Person hartnäckig abschottet, darf nie vergessen werden, wie dringend sie spüren sollte, dass sie in ihrer Situation nicht allein ist.

Schließlich darf aber auch nicht vergessen werden, dass es nicht nur darum geht, Leidende oder Schwache in einer Gemeinschaft gnädig zu ertragen oder zu bemuttern, sondern zu erkennen, wie vieles man von ihnen lernen kann und was sie einer Gemeinschaft geben können, wenn man aufmerksam hinhört und mit ehrlichem Interesse danach fragt.

1. Korinther 12,22.26

Gerade die Teile des Körpers, die schwächer zu sein scheinen, sind besonders nötig. Wenn ein Teil des Körpers leidet, leiden alle anderen mit, und wenn ein Teil geehrt wird, ist das auch für alle anderen ein Anlass zur Freude.

Hoffnungsschimmer:

Jesus Christus, hilf uns dabei, die Kraft der Gemeinschaft zu entdecken und unser Miteinander auf heilsame Weise zu gestalten. Du selbst bist das Haupt des Körpers, der sinnbildlich für die christliche Gemeinde steht. Unser aller Blick soll immer wieder auf Dich gerichtet sein. Zeige mir Menschen, denen ich vertrauen kann, und mach mich mutig, ihnen ehrlich Anteil zu geben an dem, was in mir vorgeht.

43. FÜREINANDER IN DIE BRESCHE SPRINGEN

»Ich kann nicht mehr beten. Und nicht mehr glauben. Mein Schmerz ist zu groß«, sagt er mit Tränen in den Augen. »Ich fühle mich so schlecht deswegen.« Es bricht Rolf und mir fast das Herz, ihn so zu sehen. Ihn, der mit seinem tiefen Glauben für andere so oft eine Festung gewesen war, an die sie sich anlehnen konnten. Auch für uns, als wir – vom Leben und von Menschen enttäuscht – den Mut verloren hatten weiterzugehen. Doch nun ist bei ihm so viel Schmerzliches zusammengekommen. Der tragische Tod seines Sohns, unerträgliche Nervenschmerzen, gegen die kein Medikament hilft, und jetzt noch die niederschmetternde Diagnose seiner Frau. Dass er sich uns in einem Moment größter Schwachheit anvertraut, berührt uns tief. »Es ist in Ordnung, lieber Freund«, sagen wir zu ihm. »Du hast in deinem Leben so viel für andere getan. Für andere gekämpft, für andere gebetet, für andere gerungen, für andere geglaubt. Nun ist es an der Zeit, dass *wir* und andere für dich in die Bresche springen. Dass *wir* stellvertretend für dich beten, dass *wir* für dich glauben und dich und deine Frau im Gebet vor Gottes Thron bringen.« Dankbar blickt er uns an und drückt unsere Hände, während wir mit ihm beten.

In Hesekiel 22,30 sucht Gott jemanden, der für das Land Israel in die Bresche springt. Seine Bewohner hatten sich gegen Gott versündigt. In seiner Liebe möchte Gott die Menschen verschonen, aber seine Gerechtigkeit fordert das Gericht über die Sünde. Der einzige Ausweg: Einer muss in die Bresche springen! Doch wer würde für ihre Schuld bezahlen können, um das drohende Gericht abzuwenden? Tragischerweise fand er niemanden, der dies hätte tun können: *Im ganzen Volk suchte ich nach jemandem, der in die Bresche springen und die Mauer um das Land wieder aufbauen würde, damit ich es nicht zerstören muss. Doch ich fand niemanden* (Hesekiel 22,30; HFA). Die Formulierung »in die Bresche springen« (in älteren Übersetzungen steht: »in den Riss treten«) stammt aus der Kriegsführung. In früheren Jahrhunderten wurden Städte und Burgen durch Mauern geschützt. Bei einer Bresche handelte es sich um ein Loch in der Mauer, welches die Stadt verwundbar machte und der Eroberung preisgab. In einem solchen Fall gab es nur eine Möglichkeit, die Stadt zu retten: Mutige Kämpfer mussten in die Bresche springen und die Feinde abwehren, was sie meist mit ihrem Leben bezahlten.

Dies erinnert mich an den Schweizer Nationalhelden Winkelried. Dank ihm gelang den Eidgenossen am 9. Juli 1386 ein Sieg gegen die Habsburger. Die Schlacht bei Sempach war eine der wichtigsten Schlachten der Eidgenossen. Winkelried opferte sich selbst, indem er sich in ein Bündel Lanzen der habsburgischen Gegner stürzte und den Eidgenossen dadurch eine Bresche schlug.

Im Alten Testament finden wir außergewöhnliche Geschichten von Menschen, die in die Bresche sprangen und Gottes Handeln beeinflussten. Ich denke an Abraham, der regelrecht mit Gott feilscht, um Sodom und Gomorra vor dem Untergang zu bewahren (1. Mose 18). Ein weiteres eindrückliches Beispiel ist Mose. Unermüdlich sprang er in die Bresche für das ungehorsame Volk Israel (z. B. 2. Mose 32,11-14; Psalm 106,23). Doch der mächtigste Breschenspringer ist Jesus Christus. Als er für die Schuld der Menschen am Kreuz starb, trat er stellvertretend für die ganze Welt in den Riss zwischen Gott und Mensch. Hinter diesem Mann am Kreuz herrscht Frieden, weil ihn das Gericht schon traf. Wer ihm sein Leben anvertraut, hat einen Helden, der für ihn in die Bresche gesprungen ist. Und weil Jesus die entscheidende Bresche verteidigte, sind wir freigesetzt, dort, wo es von uns gefordert ist, für andere in den Riss zu treten. Der dreieinige Gott sucht Menschen, die dazwischentreten. Dort, wo sich Risse auftun – im zwischenmenschlichen Miteinander oder zwischen Menschen und Gott.

Wo Nöte und Missstände sichtbar werden. Jesus sucht Menschen, die sich dafür einsetzen, dass Gottes Reich gebaut wird – in unseren Familien, in der Nachbarschaft, am Arbeitsplatz, in der Ortsgemeinde, der weltweiten Gemeinde –, überall, wo er uns hinstellt.

Bei Abraham und Mose bedeutete, für andere in den Riss zu treten, mit Gott um Antworten zu ringen. Wo zeigt uns der Heilige Geist Risse oder Löcher in den Stadtmauern unseres Lebens, unseres Beziehungsumfelds oder unserer Kirche? Wo sollen wir im Gebet oder in der Tat stellvertretend für andere in die Bresche springen?

> **Hebräer 10,24**
> Und weil wir auch füreinander verantwortlich sind, wollen wir uns gegenseitig dazu anspornen, einander Liebe zu erweisen und Gutes zu tun.

Hoffnungsschimmer:

Jesus Christus, hilf mir, die Not anderer Menschen zu erkennen und, wo nötig, für sie in die Bresche zu springen. Und wenn ich selbst an einem Tiefpunkt bin, lass mich die Gnade erfahren, dass andere Menschen für mich da sind und stellvertretend für mich beten, glauben und handeln.

44. AN SPANNUNGSFELDERN REIFEN

Es ist ein traumhafter Herbsttag. Ungefähr zehn Minuten von unserem Zuhause entfernt fahre ich auf die Autobahn in Richtung Zürich. Vorbei an reifen Getreidefeldern und herbstlichen Waldstücken. Das Gold und Rostrot der Laubbäume bilden einen fantastischen Kontrast zum Blau des Himmels und dem Weiß der Wolken. Die Schönheit des Herbsttages entfaltet eine überaus wohltuende Wirkung. Mein Hochgefühl hält an, als der Radiomoderator wenig später Louis Armstrong ankündigt, mit seinem Lied *What a Wonderful World (Was für eine wunderbare Welt)*. Ich singe aus voller Kehle mit: *I see skies of blue and clouds of white (Ich sehe blaue Himmel und weiße Wolken)*. Es kommt mir vor, als ob Louis Armstrong dieses Lied für genau diesen Moment geschrieben hätte. Doch dann erfordern die Geschehnisse auf der Spur vor mir meine uneingeschränkte Aufmerksamkeit. Ich sehe, dass es etwas weiter vorne auf der gegenüberliegenden Fahrbahn einen schweren Unfall gegeben hat. Wir müssen verlangsamen. Schließlich erreichen wir die Höhe des Unfalls. Es sieht schlimm aus. Betroffen fahre ich an der Unfallstelle vorbei. Dann geht alles ganz schnell. Mit einem großen Knall krachen zwei Autos, die direkt vor mir auf der Überholspur fahren, ineinander. Vermutlich hat der vordere Fahrer auf Unfallhöhe abgebremst und der hintere Fahrer hat es nicht bemerkt, weil er in jenem Moment vielleicht selbst einen Seitenblick auf die Unfallstelle geworfen hat. Innerhalb von Sekunden verkeilen sich die beiden Autos vor mir ineinander und Autoteile fliegen durch die Luft. Wie die anderen Fahrer um mich herum trete auch ich mit aller Kraft auf die Bremse. Wie durch ein

Wunder kommt es zu keinen weiteren Zusammenstößen. Schlussendlich stehen die Autos kreuz und quer auf der Autobahn still. Jemand übernimmt geistesgegenwärtig die Kontrolle über die Situation, alarmiert die Rettungskräfte und lotst die umstehenden Autos via Pannenstreifen an der Unfallstelle vorbei, um den Weg für die Helfer frei zu machen. Beim Weiterfahren zittere ich am ganzen Körper. Mir wird bewusst, wie knapp ich einem Unfall entgangen bin. Besorgt denke ich an die beiden Kinder, die ich im Auto vor mir gesehen habe. In diesem Moment realisiere ich, dass Louis Armstrong im Radio immer noch *What a Wonderful World* singt. Das wirkt so absurd, dass ich meine Tränen nicht zurückhalten kann. Dasselbe Lied. Derselbe stahlblaue Himmel. Derselbe wundervolle Herbsttag. Und doch scheint alles auf einen Schlag so verändert. So surreal.

Dieses Erlebnis ist bloß ein schwaches Sinnbild dafür, wie schnell wir in unserem Leben in Spannungsfelder geraten, die kaum auszuhalten sind. Schönes und Schweres können so unerträglich nah beieinanderliegen. Dies gilt ganz besonders für die Erfahrung von Schmerz und Leid. All die Herausforderungen im Hinblick auf das richtige Verhalten angesichts von schmerzhaften Erfahrungen, das Ringen um Worte oder die Frage, wann Schweigen angebracht ist, ob man handeln oder abwarten soll, sind letztlich Ausdruck davon, wie schwierig es ist, Spannungsfelder auszuhalten. Lange Zeit dachte ich, dass es im Laufe des Lebens doch immer besser gelingen sollte, Spannungsfelder aufzulösen, und dass im Auflösen dann vielleicht eine gewisse Erleichterung zu finden sei. Bis mir bewusst wurde, wie unrealistisch das ist. Allein deshalb, weil sich unser irdisches Leben im Spannungsfeld von Zeit und Ewigkeit vollzieht. Dies ist das erste von vielen Spannungsfeldern, das in Prediger 3 aufgezählt wird: Geborenwerden und Sterben. Unter diesem großen Spannungsbogen stehen die übrigen Spannungsfelder unseres Lebens: spannungsvolle Beziehungen. Angespannte Lebenssituationen. Das Aushalten unterschiedlicher Ansichten und Überzeugungen. Das Spannungsfeld zwischen dem Glauben an einen Gott, dem nichts unmöglich ist, und dem Festhalten an ihm, wenn er Dinge zulässt, die ich nicht verstehen kann.

Aus christlicher Sicht gleicht unser Leben einer Zwischenzeit, wie es Albert Frey in seinem Lied *Zwischen Himmel und Erde* auf berührende Weise besingt: *Zwischen Himmel und Erde leiden wir / An Zerrissenheit auf dem Weg zu dir / In dieser Zwischenzeit, in dieser Zwischenzeit.* Von wem könnten wir besser lernen als von Jesus Christus, der dieses Spannungsfeld bis zum Tod ausgehalten hat? *Zwischen Himmel und Erde hängst du dort / Wo die Balken sich kreuzen, ist der Ort / Wo sich Himmel und Erde trifft in dir / Dort am Kreuz.*

Hie und da mag es Spannungen geben, an denen wir etwas ändern können, indem wir beispielsweise kürzertreten, einen Kontakt abbrechen oder den Wohnort wechseln. Doch sehr oft können wir nichts zur Veränderung einer Situation beitragen. Wenn wir lernen wollen, besser mit den sehnsüchtigen Spannungen des Lebens umzugehen, müssen wir beherzt hinschauen, uns der Situation stellen und mit Gottes Hilfe unsere innere Spannkraft trainieren. In gewissen Fällen ist auch professionelle Unterstützung notwendig, um mit bestimmten Spannungsfeldern klarzukommen. Nur so können wir an der Situation reifen und besser mit dem Gefühlschaos umgehen lernen, das solche Spannungen mit sich bringen.

Hebräer 6,19 (HFA)
Diese Hoffnung ist für uns ein sicherer und fester Anker, der hineinreicht in den himmlischen Tempel, bis ins Allerheiligste hinter dem Vorhang.

Hoffnungsschimmer:

Jesus Christus, Du bist unsere Hoffnung. Du bist der Anker in den Spannungsfeldern und Stürmen unseres Lebens. Unser Halt. Unsere Orientierung. Möge unser Blick in den Spannungsfeldern des Lebens immer wieder fest auf Dich gerichtet sein, damit wir nicht an der Spannung zerbrechen, sondern daran reifen. Danke, dass Du schon hier in dieser Zwischenzeit bei uns bist und in der Ewigkeit längst auf uns wartest.

45. JAHWE RAPHA, DER GOTT, DER MICH HEILT

»Gottes Nein zur körperlichen Heilung«, schreibt Joni Eareckson Tada, »hat Schuld aus meinem Leben getilgt, meine Hingabe an Gott gefestigt, mich gezwungen, mich von der Gnade abhängig zu machen, mich mit anderen Gläubigen verbunden, mein Urteilsvermögen geschärft, mein Einfühlungsvermögen gefördert, meine Gedanken diszipliniert, mir beigebracht, weise mit meiner Zeit umzugehen [...] und meine Welt auf eine Weise erweitert, wie ich es mir nie hätte träumen lassen, wenn ich 1967 nicht diesen Unfall gehabt hätte. Meine Krankheit hat meine Hoffnung vergrößert, mich näher zu Christus geführt, mir geholfen, mich nach der Wahrheit auszustrecken; sie hat mich zur Erkenntnis meiner Schuld geführt, mich angetrieben, in Zeiten des Kummers zu danken, sie hat meinen Glauben vergrößert und meinen Charakter gefestigt. In diesem Rollstuhl zu sitzen bedeutet, ihn besser zu kennen und jeden Tag seine Freude zu spüren. Wenn das Ihrer Meinung nach nicht als Wunder bezeichnet werden kann, dann – darf ich es in aller Höflichkeit sagen? – ziehe ich meine Meinung der Ihren vor.«[34] Herausfordernde Worte von Joni, nachzulesen in ihrem Buch *Sehnsucht nach Heilung: Warum lässt Gott Leid zu?*[35]. Seit sie 1967 als Siebzehnjährige bei einem Badeunfall verunglückt ist, sitzt Joni als Tetraplegikerin im Rollstuhl. In den

34 Eareckson Tada, Joni, 2016. *Sehnsucht nach Heilung: Warum lässt Gott Leid zu?* 1. Auflage der Sonderauflage, S. 69.

35 Im englischen Original: *A Place of Healing (Ein Ort der Heilung).*

Jahren 2010 und 2018 wurde bei ihr Brustkrebs diagnostiziert, worauf Operationen und harte Chemotherapien folgten. Schließlich kamen unerträgliche chronische Schmerzen dazu. Eine Frau voller Glauben, mit einem Dienst, dessen Reichweite und Segen sich rund um den Globus erstrecken.

Die Frage nach körperlicher Heilung oder Nichtheilung gehört im christlichen Kontext zu den größten Spannungsfeldern überhaupt. Während für die einen außer Frage steht, dass wahrer Glaube in jedem Fall zu körperlicher und psychischer Heilung führen muss, plädieren andere dafür, dass es in dieser Zwischenzeit – in der die ganze Schöpfung in ihrer Gebrochenheit leidet und sich nach Erlösung sehnt (vgl. Römer 8,22-23) – »sowohl bei körperlichen als auch bei psychischen Erkrankungen kein verbrieftes Recht auf Heilung gibt«.[36] Doch wie lässt sich Letzteres in Einklang bringen mit der Selbstvorstellung Gottes in 2. Mose 15,26, wo er sich seinem Volk als »Jahwe Rapha« vorstellt?

Der Abschnitt in 2. Mose 15,22-27 beschreibt eine Szene zu Beginn der Wüstenwanderung des Volkes Israel. Erst noch haben die Israeliten erlebt, wie Gott ihnen auf wundersame Weise einen Weg durch das Schilfmeer gebahnt hat. Nun brauchen sie ein weiteres Wunder: trinkbares Wasser. Gott erbarmt sich erneut. Das bittere Wasser wird genießbar. An diesem Ort lehrt Gott sein Volk eine Lektion: *Hört auf mich, den Herrn, euren Gott, und lebt so, wie es mir gefällt! Haltet euch an meine Gebote und Weisungen! Wenn ihr das tut, werdet ihr keine der Krankheiten bekommen, mit denen ich die Ägypter bestraft habe. Denn ich bin der HERR, der euch heilt!* (2. Mose 15,26; HFA). Wörtlich aus dem Hebräischen übersetzt: *Denn ich, Jahwe, bin es, der dich heilt.*

Körperliche Gesundheit wird in diesem Abschnitt an eine Bedingung geknüpft: »Wenn ihr so lebt, wie es mir gefällt, dann …« Kann man denn im Umkehrschluss folgern, dass jede Krankheit

36 Volker Halfmann: »Schämt euch nicht«. In: MINDO Magazin. https://mindo-magazin.de/volker-halfmann-zwangsstoerung-schaemt-euch-nicht/ [Stand: 28.08.2022].

eine Strafe von Gott ist, weil jemand nicht so lebt, wie es Gott gefällt? Es wäre meiner Meinung nach verheerend, solche Schlüsse zu ziehen!

Das Spannungsfeld von Heilung und Nichtheilung durchzieht auch die Bibel. So finden wir im Alten Testament einerseits Bibelstellen, in denen Gott heilt, und andere, in denen Gott Krankheit zulässt, ohne zu heilen (z. B. bei Elisa in 2. Könige 13,14). Ähnlich finden wir im Neuen Testament viele Stellen, die davon berichten, wie Jesus Christus Menschen geheilt hat (z. B. Matthäus 4,23). Andererseits zeigt das Neue Testament, dass Jesus nur in gewissen Regionen »alle« heilte. Er heilte jedoch nicht alle Kranken der damaligen Zeit. Von all den Kranken am Teich Bethesda heilte Jesus nur einen einzigen (Johannes 5,1-16). Speziell ist auch Markus 1,29ff.: Nachdem Jesus die Schwiegermutter von Simon Petrus geheilt hatte, brachte die ganze Stadt ihre Kranken und Lahmen vor dessen Haus. Jesus blieb noch lange dort, predigte und heilte. Am nächsten Tag kamen viele dieser Menschen mit noch mehr Kranken und Leidenden zurück, die Heilung benötigten. Aber Jesus war verschwunden. Sie fanden ihn in der Stille und sagten ihm, dass man auf ihn wartete. Doch Jesus erwiderte: *Wir müssen auch noch in die umliegenden Ortschaften gehen, um dort die rettende Botschaft zu verkünden. Das ist meine Aufgabe* (Markus 1,38; HFA). Was auffällt: Wenn Jesus Menschen heilte, ging sein Bezugsrahmen stets über körperliche Heilung hinaus. Heilung war bei ihm stets ganzheitlicher Natur. Es ging auch um die Vergebung von Sünden und ewiges Heil.

Weiter lesen wir im Neuen Testament, wie die Apostel und Jünger im Namen Jesu Menschen heilten und sogar von den Toten auferweckten (z. B. Apostelgeschichte 3,1-10 oder 28,8-9). Andererseits wird deutlich, dass selbst die Apostel und Jünger nicht alle heilen konnten. In Milet musste Paulus den kranken Trophimus zurücklassen (2. Timotheus 4,20). Auch Paulus hatte ein Leiden (welcherart bleibt offen, aber rein sprachlich liegt ein körperlicher Bezug nahe), von dem ihn Gott trotz mehrmaligem Flehen nicht befreite (2. Korinther 12,7).

Dasselbe Spannungsfeld zeigt sich auch in der Gegenwart. Innerfamiliär haben wir im Hinblick auf körperliche Heilung beides erlebt: übernatürliche Heilung und Nichtheilung: Mein Mann fand durch ein übernatürliches Erlebnis am Sterbebett seiner Schwester zum Glauben an Jesus Christus. Die Schwester starb wenig später an den Folgen eines Hirntumors. Mein Schwiegervater wurde auf übernatürliche Weise von Bauchspeicheldrüsenkrebs geheilt. Die Ärzte waren sich einig: Das ist ein Wunder! Ungefähr eineinhalb Jahre später starb er an Lungenkrebs.

Wie sollen wir mit diesem Spannungsfeld umgehen? Wir tun gut daran, uns an Tatsachen zu klammern: angefangen mit Jahwe Rapha. Der Gott, der heilt, ist eine Realität! Daran hat sich bis heute nichts geändert. Er ist am ganzheitlichen Wohlbefinden des Menschen – an Körper, Seele und Geist – interessiert. Aber auch die gebrochene Welt, in der wir leben, ist real. Schmerz, Leid und Tod sind Realitäten, die unsere irdische Existenz begleiten. Mit Jesus ist das Königreich Gottes zwar schon angebrochen und bereits jetzt Realität, aber seine Vollendung steht noch aus. Gebetserhörungen sind Ausdruck der kraftvollen Reich-Gottes-Realität, in der Nichterhörung zeigt sich das schmerzliche Warten auf die Vollendung.

Ich glaube nicht in erster Linie an Heilung, sondern an den Heiler, den Heiland! Letztlich geht es um die Beziehung zu ihm. Nicht Gesundheit um jeden Preis ist mein höchstes Gut, sondern die Beziehung zu Jesus Christus ist mein höchstes Gut. Das höchste Ziel meines Lebens ist nicht körperliche Gesundheit, sondern Gott unter den gegebenen Umständen zu ehren, so gut ich kann.

Jesaja 53,5b (HFA)
Wir haben nun Frieden mit Gott!
Durch seine Wunden sind wir geheilt.

Hoffnungsschimmer:

Jesus Christus, in Deinen Wunden sind wir geheilt. Dies wollen wir in Anspruch nehmen und über den Wunden unseres Lebens aussprechen. Den Wunden unseres Körpers. Den Wunden unserer Seelen. Den Wunden unseres Geistes. Und falls sich Heilung anders manifestiert, als wir uns das ersehnt haben, oder wir nichts davon merken, lass uns weiter vertrauensvoll an Dir festhalten und Dich mit unserem ganzen Sein ehren, in Freude wie im Schmerz.

46. ZWISCHEN MUT UND DE-MUT

Keine Ahnung, wie ich die E-Mail von heute Morgen interpretieren soll. Absender ist eine langjährige Bekannte. Mit einem kurzen Gruß verweist sie auf ein YouTube-Video zum Thema *Es liegt an uns, ob wir geheilt werden, nicht an Gott*. Was will sie mir damit sagen? Dass ich selbst schuld bin an meiner Situation? Auf meine anfängliche Verletztheit und Empörung folgt Neugier. Was wird denn im Video gelehrt? Inwiefern liegt es an mir, geheilt zu werden? Die Lösung liegt gemäß dem Redner darin, auf die richtige Art zu beten. Gott nicht um Hilfe für dies oder jenes zu bitten (was Ausdruck von Unglauben wäre), sondern im Glauben zu ergreifen, was längst Tatsache ist – psychische und physische Gesundheit in allen Belangen mit eingeschlossen.

Vor einigen Jahren sagte jemand zu mir: »Da muss es noch irgendeine Blockade bei dir geben. Vielleicht ist eine Schuld da, die du nie offengelegt hast, sonst wärst du schon lange wieder schmerzfrei.« Auch Joni Eareckson Tada wurde im Laufe der Jahrzehnte immer wieder aufs Intensivste mit Fragen rund um körperliche Heilung konfrontiert. In einem christlichen TV-Interview sagte ihr ein TV-Moderator unverblümt ins Gesicht: »Wenn du wirklich glauben würdest, dann würdest du nicht mehr in diesem Rollstuhl sitzen.«

Solche Bewertungen und lieblosen Urteile sind äußerst schmerzhaft für Betroffene. Abgesehen von theologischen Richtigkeiten stellt sich auch die Frage, welche Auswirkungen gewisse Äußerungen auf Betroffene haben. Führen die Worte zur Entlastung und in die Freiheit oder machen sie die Last von Betroffenen ungleich schwerer und unerträglicher?

Wer ist schuld? Eine Frage, die auch die Jünger bewegte. »*Wer ist schuld daran, dass dieser Mann blind ist? Hat er selbst Schuld auf sich geladen oder seine Eltern?*« (Johannes 9,2; HFA), wollten sie von Jesus wissen. Jesus antwortete: »*Weder noch. Vielmehr soll an ihm die Macht Gottes sichtbar werden.*« Für die Juden gehörten Krankheit und Sünde zusammen. Wer sündigte, wurde krank. Manchmal hatte nicht der Kranke selbst gesündigt, sondern seine Eltern. Der Glaube an einen Tun-Ergehen-Zusammenhang, nach dem sich das Verhalten eines Menschen in seinem körperlich sichtbaren Leiden spiegelt, war im Alten Orient weitverbreitet und findet sich auch an gewissen Stellen im Alten Testament (z. B. in Psalm 38,4). In Johannes 9,2f. wird die religiöse Deutung von Krankheit explizit abgelehnt. In den Heilungsgeschichten des Neuen Testaments taucht wiederholt das griechische Wort *therapeia* auf. Davon abgeleitet ist das deutsche Wort *Therapie*. Therapie meint *ärztlich behandeln* oder *sich kümmern*. Die Heilungen von Jesus zeigen also »in erster Linie ein Sichkümmern, ein Wahrnehmen des Kranken in allen Facetten seines Leidens«[37]. Im Umkehrschluss darf man aber auch nicht sagen, dass körperliche Beschwerden nie einen Zusammenhang mit inneren Vorgängen haben. Unversöhnlichkeit, Hass, Hartherzigkeit, Schuld oder andere zerstörerische Verhaltensweisen können durchaus einen Einfluss auf unsere körperliche Verfassung haben und erfordern Einsicht und Veränderung.

Mit Spannungsfeldern zu leben, bedeutet zu akzeptieren, dass unsere Erkenntnis bruchstückhaft ist (1. Korinther 13,12). Es bedeutet, dass ich dialogfähig bleibe und ein offenes Herz bewahre. Es ist eine Reise zwischen Mut und Demut.

Es braucht Demut einzugestehen, dass uns Antworten auf

---

37 Annette Weissenrieder, interviewt von Verena Tröster. Über die Bedeutung von Krankheit und Heilung in der Religion: »Jesus nimmt die Kranken wahr«. Veröffentlicht am 07.02.2020 bei Domradio.de. https://tinyurl.com/yc2v644u [Stand: 04.09.2022].

viele Fragen fehlen. Dass wir uns hilflos fühlen. So gerne würden wir manchmal komplexe und geheimnisvolle Zusammenhänge durch einfache Machbarkeitsformeln austauschen. Das biblische Zeugnis spricht zu den Themen *Krankheit* und *Heilung* eine viel breitere Sprache, wo durchaus Platz bleibt für einen souveränen Gott. Jede Heilung von Gott ist immer gnädiges, unverdientes Geschenk. Obwohl wir vertrauensvoll für Heilung beten sollen und jene auch zeichenhaft erleben, gilt die Verheißung für einen neuen Leib ohne jegliche Krankheit erst für die Vollendung des Reiches Gottes. Zu akzeptieren, dass nicht in jedem Fall körperliche Heilung eintritt, bedeutet nicht, Gottes Macht zu relativieren, sondern seine Unverfügbarkeit, Unergründlichkeit und Souveränität anzuerkennen.

Es wäre aber auch nicht richtig, einfach zu resignieren und das Thema *Krankenheilung* ad acta zu legen. Denn es ist ein Auftrag, den Jesus seinen Jüngern anvertraut hat (z. B. in Matthäus 10,8; Jakobus 5,14-16) und der auch heute noch gilt. Nicht bloß als Auftrag an einzelne Auserwählte, die eine besondere Gabe zur Krankenheilung haben, sondern ein Auftrag an alle Jüngerinnen und Jünger Jesu zu allen Zeiten. Und das braucht Mut! Es braucht einen kindlichen Glauben, der Gott alles zutraut. Vertrauen auf Gottes Macht und die Sicht dafür, dass uns in Jesus alles geschenkt ist. Es ist ein Übungsfeld, das uns immer wieder neu unsere Abhängigkeit von Gott aufzeigt. Das Heilungsgebet soll in großem Glauben und einem tiefen Vertrauen auf den allmächtigen Gott praktiziert und in Anspruch genommen werden!

Römer 8,31.37 (HFA)
Was kann man dazu noch sagen?
Wenn Gott für uns ist,
wer kann dann gegen uns sein? …
Aber dennoch:
Mitten im Leid triumphieren wir über all dies
durch Christus, der uns so geliebt hat.

Hoffnungsschimmer:

Jesus Christus, mitten in all dem, was schmerzlich ist und was ich nicht auflösen kann, will ich mich daran erinnern, dass Du nicht gegen mich, sondern für mich bist. Danke, dass Du an meiner Seite bist. Voller Demut stehe ich vor Dir und bete Dich an. Voller Mut schreite ich voran – in der Kraft Deines Geistes.

47. IN GOTTES SILBERSCHMIEDE

Durch eine Glasscheibe beobachten wir, wie ein Silberschmied hochwertigen Silberschmuck anfertigt. Konzentriert sitzt er da und wendet seinen Blick keinen Moment vom Silber ab, das er mitten ins Feuer hält. Dort, wo die Flammen am heißesten sind, wird das Silber von allen Unreinheiten gereinigt. Der Silberschmied muss deshalb so fokussiert sein, erfahren wir, weil es dem Silber schaden könnte, wenn es bloß einen Augenblick zu lang im Feuer bliebe. Erst wenn der Silberschmied sein eigenes Spiegelbild im Silber erkenne, wisse er, dass das Silber vollständig geläutert, gereinigt sei.

Der Silberschmied ist in der Bibel wiederholt ein Sinnbild für den lebendigen Gott. Zum Beispiel in Psalm 66,10, wo der Psalmist bezeugt: *Ja, Gott, du hast uns Prüfungen ausgesetzt, du hast uns geläutert wie Silber im Schmelzofen.* Der Schmelzofen ist ein Ort der Prüfung, nicht aber als Endstation, wie es zwei Verse danach deutlich wird: *Ins Feuer sind wir geraten, ins Wasser ebenso – aber du hast uns herausgeführt und mit Überfluss beschenkt* (V. 12b). An anderer Stelle beschreibt der Prophet Maleachi, wie Jahwe die Nachkommen von Levi, die für den Tempeldienst ausgesondert waren, auf ihren Dienst vorbereiten wird: *Er wird sitzen und das Silber schmelzen und reinigen. Er wird die Leviten reinigen und sie läutern wie Gold oder Silber, sodass sie dem HERRN Opfer bringen, die ihm gefallen* (Maleachi 3,3; NLB).

Während im Alten Testament das Volk Israel im Fokus der Läuterungsprozesse steht, wird das Bild des Schmelzofens im Neuen Testament im Zusammenhang mit den Nachfolgerinnen und Nachfolgern von Jesus erwähnt. Laut dem Apostel Petrus bieten Prüfungen eine Gelegenheit, sich im Glauben zu bewähren: *Genauso, wie das vergängliche Gold im Feuer des Schmelzofens gereinigt wird, muss auch euer Glaube, der ja unvergleichlich viel wertvoller ist, auf seine Echtheit geprüft werden* (1. Petrus 1,7). Der zeitgenössische amerikanische Theologe Timothy Keller führt in Kapitel 3 seines Buches *Gott im Leid begegnen* aus, dass der Blick in die Bibel und das Beispiel zahlreicher geistlicher Vorbilder Mut machen würden, dass es möglich sei, Gott im »Schmelzofen des Leidens«[38] zu begegnen und dadurch geläutert zu werden. So könne dem Leiden in gewissen Fällen sogar ein tieferer Sinn abgerungen werden.

In gewissen Fällen. In anderen Fällen bleiben die Fragen offen und darf auch mit frommem Schönreden kein tieferer Sinn erzwungen werden!

Als die drei Freunde von Daniel zum Tod im Feuerofen verurteilt wurden, war Gott mit ihnen im Feuerofen (Daniel 3,1-30). Bevor man sie gefesselt in den Feuerofen warf, sagten sie voller Glauben: *Unser Gott, dem wir dienen, kann uns aus dem Feuer und aus deiner Gewalt retten. Aber auch wenn er es nicht tut, musst du wissen, o König, dass wir nie deine Götter anbeten oder uns vor der goldenen Statue niederwerfen werden* (Daniel 3,17-18; HFA). Ihr Vertrauen ist beeindruckend. Sie zweifelten nicht an Gottes Souveränität, selbst wenn er sie nicht aus dem Feuer retten würde. Ihre Fesseln verbrannten, sie aber blieben unversehrt.

Wie Daniels Freunde werden auch wir – im Bild gesprochen – nicht immer vor dem Feuerofen bewahrt. Hier ist unser Vertrauen herausgefordert, dass Gott auch im Feuerofen an unserer Seite ist. Vielleicht dürfen wir sogar die Gnade erfahren, dass wir mitten in der unerträglichen Situation gehalten und frei sind. Sätze, die ich mit großer Zurückhaltung schreibe, weil ich weiß, wie überfordernd und unbarmherzig sie angesichts gewisser Schicksalsschläge klingen mögen. Trotzdem kann es auf übernatürliche Weise

---

38 Timothy Keller führt dies in Kapitel 3 seines Buches *Gott im Leid begegnen* aus.

Realität werden, wie verschiedene berührende Rückmeldungen bestätigen, die mich immer wieder erreichen. So schrieb mir jemand im Mai 2019:

Im christlichen Kontext erlebe ich immer wieder die Tendenz, Schwieriges abzuspalten oder fromm zuzudecken, weil es ja nicht zu einem »siegreichen« Leben passt. Und dabei verpassen wir so viel, was Gott uns schenken möchte. Wir haben vor gut zehn Jahren unsere Tochter verloren. Ich habe mich damals entschieden, meine Trauer, meine offenen Fragen und Zweifel zuzulassen. Es war ein schmerzhafter, langer und oft auch einsamer Weg. Und gleichzeitig habe ich Gott wie nie zuvor erlebt. Vertrauen und Zweifel, Freude und Schmerz, Schönheit und Zerbruch – alles war so nah beieinander wie nie zuvor. […] Ich habe während der Trauerzeit intensiv Tagebuch geschrieben und auch Bilder gemalt […]. Hier ein kurzer Text, den ich gut zwei Jahre nach dem Tod unserer Tochter geschrieben habe: Was bleibt übrig, wenn deine Hoffnungen zerstört und deine Träume gestorben sind? Schau hin! Was siehst du? Die Überreste eines Feuers. Asche, die noch warm ist. Schau nochmals genau hin und du wirst eine überraschende Entdeckung machen: Mitten in der Asche glänzt etwas. Ein kleines Goldstück. Geläutert im Feuer des Schmerzes. Du hast einen Schatz entdeckt, der dich unendlich reich macht. Er verleiht deinem Leben einen unzerstörbaren Glanz und du ahnst Gnade.

Sacharja 13,9 (HFA)
Ich werde die Menschen läutern
wie Silber im Ofen, wie Gold im Feuer.
Sie werden zu mir um Hilfe rufen,
und ich werde sie erhören!

Hoffnungsschimmer:

Himmlischer Vater, im Feuer zu stehen, ist unerträglich. Eine Überforderung. Ich lasse meinen Anspruch los zu verstehen, wieso ich hier gelandet bin oder was daraus entstehen könnte. Ich strecke meine Hand zu Dir aus im Feuer. Im Glauben klammere ich mich an Dich. Du bist da. Und auch Freunde sind da. Mitten im Schmerz empfange ich Trost und Gnade.

48. »GIB ACHT AUF DICH SELBST!«

Gib acht auf dich selbst und auf das, was du lehrst!, ermahnt Paulus den jungen Timotheus (in 1. Timotheus 4,16). Besonders der Anfang seines Rats mag überraschen. Doch im Hinblick auf ein tragendes und liebevolles Miteinander gibt es keinen wichtigeren Beitrag, als dass wir damit beginnen, gut auf uns selbst achtzugeben. Das gilt besonders für enge Bezugspersonen von Betroffenen, die ihr Möglichstes tun, Leidenden oft weit über ihre Kräfte hinaus beizustehen. Doch je länger die Reise geht, desto hilfloser fühlen sie sich. Unendlich müde und in Gefahr zu resignieren. Das lateinische Wort *re-signare* stand früher für die Kapitulation gegenüber einem Kriegsgegner. Wörtlich genommen, bedeutet *re-signare* seine Unterschrift auf einem Vertrag zu entfernen und diesen damit zu widerrufen. Heute versteht man unter Resignation vor allem ein psychologisches Phänomen, bei dem das Ohnmachtsgefühl angesichts einer aussichtslosen und unausweichlichen Situation so stark wird, dass man in eine lähmende Passivität verfällt und sich frustriert dem Unabänderlichen fügt. Das ist unter gewissen Umständen mehr als nachvollziehbar.

Jesus wurde von einem Pharisäer gefragt, welches das höchste Gebot im Gesetz sei. Er antwortete: *»›Du sollst den Herrn, deinen Gott, lieben von ganzem Herzen, mit ganzer Hingabe und mit deinem ganzen Verstand!‹ Dies ist das größte und wichtigste Gebot. Ein zweites ist ebenso wichtig: ›Liebe deine Mitmenschen wie dich selbst!‹«* (Matthäus 22,37-39). Es gibt Menschen, die eine bewundernswerte Ausdauer beweisen, ihre Mitmenschen zu lieben und sich für andere aufzuopfern, aber den zweiten Teil des Satzes erschreckend wenig beherzigen: nämlich sich selbst zu lieben. In den Sicherheitsanweisungen vor einem Flug werden die Passagiere dazu angehalten, im Notfall zuerst ihre eigene Sauerstoffmaske aufzusetzen, bevor sie Mitreisenden helfen! Wenn du nicht auf dich selbst achtgibst, wirst du früher oder später auch anderen Menschen keine Hilfe mehr sein, weil du selbst auf der Strecke bleibst. Daher ist Selbstfürsorge überlebensnotwendig. Je weniger Aufmerksamkeit wir uns selbst schenken, desto weniger können wir auf die Dauer für andere da sein.

Der mittelalterliche Abt und Kirchenlehrer Bernhard von Clairvaux (um 1090–1153) verglich die Notwendigkeit zur Selbstfürsorge mit einer Schale der Liebe:

Wenn du vernünftig bist, erweise dich als Schale und nicht als Kanal,
der fast gleichzeitig empfängt und weitergibt,
während jene wartet, bis sie gefüllt ist.
Auf diese Weise gibt sie das, was bei ihr
überfließt, ohne eigenen Schaden weiter.
Lerne auch du, nur aus der Fülle auszugießen,
und habe nicht den Wunsch, freigiebiger zu sein als Gott.
Die Schale ahmt die Quelle nach. Erst wenn sie mit Wasser gesättigt ist,
strömt sie zum Fluss, wird sie zur See.

Du tue das Gleiche! Zuerst anfüllen und dann ausgießen.
Die gütige und kluge Liebe ist gewohnt überzuströmen,
nicht auszuströmen.
Ich möchte nicht reich werden, wenn du dabei leer wirst.
Wenn du nämlich mit dir selber schlecht umgehst,
wem bist du dann gut?
Wenn du kannst, hilf mir aus deiner Fülle,
wenn nicht, schone dich.[39]

---

39 Es gibt hierzu diverse Internetquellen, aber ohne übereinstimmende Angabe der Originalquelle bei Bernhard von Clairvaux.

Gerade in dienenden und unterstützenden Berufen, aber auch im alltäglichen Umgang mit Leidenden ist Selbstfürsorge unerlässlich. Bin ich nicht in meiner Kraft, dann gilt es erst einmal, die eigene Schale wieder zu füllen, bevor ich in der Lage bin, mich wieder liebevoll und aus freien Stücken zu verschenken. Das klingt einfacher, als es in der praktischen Umsetzung in gewissen Lebensumständen ist. Und doch ist es überlebensnotwendig, dass wir auf uns selbst achtgeben und immer wieder neu bei uns selbst ankommen. Dass wir mitten in allem Unverständlichen und Schmerzlichen Halt und Kraft finden bei dem dreieinigen Gott. Manchmal muss man sich auch vom Anspruch distanzieren, Betroffenen einen Ort bieten zu wollen, an dem es ihnen möglichst gut geht, im verzweifelten Bemühen, ihre Welt zurechtzurücken. Das ist in vielen Fällen ein unmögliches Unterfangen. Was aber weit wertvoller ist, als viele ahnen, ist die Bedeutung eines Ortes, an dem Betroffene mitsamt ihren Gefühlen angenommen und geliebt sind.

Wie wundervoll wäre es, wenn wir uns gegenseitig eine solche Herzheimat bieten könnten – in aller Begrenztheit und Unvollkommenheit. Im heiligen Bemühen, meinem Gegenüber die beste Version meiner selbst zu schenken, indem ich ernsthaft auf mich achtgebe, meine eigenen Bedürfnisse ernst nehme und meine Schale der Liebe vom Lebendigen füllen lasse.

Johannes 7,38
Wenn jemand an mich glaubt,
werden aus seinem Inneren,
wie es in der Schrift heißt,
Ströme von lebendigem Wasser fließen.

Hoffnungsschimmer:

Jesus Christus, ich halte Dir meine Herzensschale hin und lasse mich füllen: mit Deiner Liebe. Mit der Kraft Deines Geistes. Deiner Lebendigkeit. Deiner Weisheit. Deiner Geduld. Deiner Barmherzigkeit. Dem unbändigen Vertrauen, dass Dir meine/unsere Situation nicht verborgen ist und Du eingreifen wirst zu Deiner Zeit!

49. HILFREICHE VENTILE NUTZEN

Frustriert bleibe ich in der Stube sitzen, während Rolf entnervt das Weite sucht und die Bürotür gut hörbar hinter sich schließt. Kaum zu fassen, dass eine Bagatelle einen solch hitzigen Wortwechsel zwischen uns auslösen konnte. Der gefürchtete kleine Tropfen, der das Fass zum Überlaufen bringt, aber im Grunde genommen gar nicht der Rede wert ist. Das eigentliche Problem ist vielmehr, dass meine Nerven weit über die Maßen angespannt sind und jene von Rolf offenbar auch. Meist versuchen wir, uns dem anderen zuliebe zusammenzureißen. Doch irgendwann wird der innere Überdruck zu groß, lassen sich die aufgestauten Gefühle kaum noch zurückhalten und der geliebte Mensch in der Nähe wird zum Ventil unkontrollierter Emotionen. In anderen Fällen werden vielleicht Bezugspersonen, Arbeitskollegen, Eltern, Kinder oder Freunde zum Ventil.

Ablassventile, um inneren Überdruck abzubauen, sind keinesfalls grundsätzlich schlecht, sondern überaus wichtig. Allerdings ist es von großer Bedeutung, destruktive Ventile zu entlarven und stattdessen hilfreiche Ventile zu nutzen. Ehrliche Emotionen sollten unbedingt ernst genommen und thematisiert werden. Selbst wenn es sich dabei um Empörung oder Wut über eine Situation handelt, ist es immer noch besser, dies in Worte zu fassen, statt die Emotion ungefiltert an meinen Liebsten auszulassen und sie dadurch zu verletzen. Als introvertierte Person fresse ich Gefühle und Empfindungen manchmal über viel zu lange Zeit in mich hinein. Doch auch in diesem Fall wäre es für das Miteinander mit Menschen, die mir nahestehen, sehr viel hilfreicher, wenn ich schon vorher mal ehrlich sagen würde: »Ich habe in letzter Zeit wieder viel stärkere Schmerzen und das ist so zermürbend« oder: »Ich bin einfach so traurig und frustriert und verliere den Mut weiterzugehen«. Statt ehrlich auszusprechen, was Sache ist, bin ich oft tagelang gereizt, genervt und lasse es an meiner Familie aus. Ich kritisiere dies und das, bin kurz angebunden und ungenießbar. Kein Wunder, wenn dann auch die Geduld meiner Familie mal erschöpft ist. Tatsächlich hat die Erfahrung von physischem und psychischem Schmerz unser Miteinander verändert und uns in vielerlei Hinsicht dünnhäutiger und angespannter gemacht. Eine Erfahrung, die auch andere Angehörige machen. Betroffene sind plötzlich anders, als man sie kannte. Der Schmerz verändert sie. Umso wichtiger ist es, dass nicht nur Betroffene, sondern auch Angehörige verstehen, dass die vielleicht ungewohnte Launenhaftigkeit, Gereiztheit oder auch Lethargie ihrer Lieben keine böse Absicht, sondern Ausdruck ihres Leidens ist.

Heilsame Ablassventile sind eine große Chance für das Miteinander. Hinter die Wut und Gereiztheit des anderen zu blicken, kann zum Ausgangspunkt einer Begegnung auf tieferer Ebene werden. Das gilt auch für den Freundeskreis, Bekanntenkreis oder für Arbeitsgruppen, in denen wir mit anderen Menschen unterwegs sind. Dabei darf es durchaus Zeiten geben, in denen man Distanz braucht und dies offen kommuniziert. Destruktive Ventile können großen Schaden anrichten. Nicht nur im Miteinander, sondern auch an uns selbst. Das kann bis zur Selbstverletzung oder zu anderen schädlichen Verhaltensmustern führen. Daher ist es so unglaublich wichtig, heilsame Ventile zu entdecken und zu nutzen.

Mein allerwichtigstes Ventil seit meiner Kindheit ist das Schreiben. Schreiben hilft mir dabei, in Worte zu fassen, was ich mündlich kaum ausdrücken könnte. Wenn ich lange nichts mehr schreibe – weder Tagebuch noch eigene Texte –, ist dies ein deutliches Warnsignal. Zu formulieren, was mich bewegt, ist für mich eine heilsame Form von Seelenhygiene. Wie dankbar bin ich, dass es heute Notebooks gibt, die man überall nutzen kann. Langes Sitzen ist bis heute schwierig für mich. So sind die meisten meiner Texte und Bücher der vergangenen zehn Jahre im Liegen entstanden – im Bett oder auf meinem Sessel mit verstellbarer Rückenlehne. Ganz grundsätzlich können kreative Tätigkeiten überaus gesunde Ventile für die Verarbeitung von Emotionen sein: Malen, Basteln, künstlerisches Gestalten, Musizieren und vieles mehr. Kunst ist der beste Beweis dafür, dass Schmerz zur Quelle von Kreativität und Inspiration werden kann. Auch Bewegung oder nach Möglichkeit sportliche Aktivität kann ein gesundes Ventil sein.

Hilfreiche Ventile zu finden, gelingt nicht von heute auf morgen. Manchmal muss man zuerst ausprobieren, was tatsächlich hilft, oder auch, was mit begrenzten Kräften überhaupt umsetzbar ist. Es braucht Zeit, Geduld und Vergebung, wo wir aneinander schuldig werden. Geknickt suche ich Rolf auf und bitte ihn um Entschuldigung für meine Überreaktion und dass ich ihn mit meinen Worten und meinem Verhalten verletzt habe. Ich fasse mir ein Herz und gebe ihm einen kleinen Einblick in das, was zurzeit in mir vorgeht. Auch wenn dadurch nicht einfach alles wieder gut ist, so ist es zumindest ein bedeutsamer Anfang.

Epheser 4,32

Geht vielmehr freundlich miteinander um, seid mitfühlend und vergebt einander, so wie auch Gott euch durch Christus vergeben hat.

Hoffnungsschimmer:

Herr, es tut mir leid, dass ich andere Menschen durch meine Unbeherrschtheit oder unkontrollierte Emotionen verletzt habe. Ich will mich ernsthaft darum bemühen, Ventile für meinen inneren Überdruck zu finden, die unser Miteinander nicht belasten, sondern stärken. Lass mich ehrlich werden vor Dir und meinen Liebsten. Schütze Du unser Miteinander, wenn es durch Schmerz, Ohnmacht und Überforderung bedroht ist. Erfülle uns mit neuer Liebe füreinander.

50. WARTEN – EINE VERLERNTE KUNST

Ungeduldig blicke ich auf die Uhr. Nun warte ich schon über eine halbe Stunde auf der unbequemen Sitzreihe im Gang des Krankenhauses. Endlich halte ich das Stück Papier in Händen, das ich dringend brauche. Ich eile zum Ausgang, um den Bus noch zu erreichen. Doch leider sehe ich nur noch die Rücklichter. Und wieder heißt es warten. Während ich auf der schmalen Holzbank im Wartehäuschen der Busstation sitze und dem Regen zuschaue, der wie ein kleiner Bach die Straße runterfließt, frage ich mich, wie viele Stunden meines Lebens ich wohl schon irgendwo gewartet habe: auf einen Arzttermin, auf einen Zug, auf meine Kinder, auf meinen Mann, auf eine Antwort, auf die Wirkung von Medikamenten, auf Besserung, auf den Morgen in schlaflosen Nächten und so weiter. In gewisser Weise ist das ganze Leben eine Wartezone. Wobei das Warten in bestimmten Situationen leichterfällt. Zum Beispiel, wenn es mit Vorfreude auf etwas verbunden ist. Doch manchmal fühlt es sich bloß nach Zeitverschwendung an. Als ob ich kostbare Lebenszeit vergeuden würde. Doch was verpasse ich denn eigentlich genau? Ist mir das Warten vielleicht deshalb so fremd geworden, weil es in krassem Widerspruch zur Betriebsamkeit unserer Zeit steht? Fest steht, dass das Warten meine Geduld auf die Probe stellt.

Der Blick in die Bibel macht deutlich, dass Warten einen ganz besonderen Wert hat und wir gut daran tun, die Kunst des Wartens wieder ganz neu zu entdecken und einzuüben. Stillsein und Warten sind aus der Mode gekommen. Doch während mir Warten oft als sinnlos vergeudete Zeit vorkommt, kann gerade in Wartezeiten Bedeutsames geschehen. Viele natürliche Prozesse – wie eine Schwangerschaft oder der Reifeprozess von Bäumen, Blumen, Getreidefeldern und vieles mehr – zeigen uns, dass Wartezeiten beeindruckend kraftvolle Reife- und Wachstumszeiten sind. Wenn wir es zulassen, können auch Wartezeiten unseres Lebens zu kraftvollen Reife- und Wachstumszeiten werden. Und hier spreche ich weniger vom Warten auf einen Bus oder dem Warten an der Kasse eines Supermarktes, sondern vielmehr von Wartezeiten, die uns existenziell herausfordern: ganz grundsätzlich dann, wenn sich Umstände nicht so entwickeln oder verändern, wie wir uns das wünschen. Zum Beispiel wenn jemand seine Arbeitsstelle verliert. Wenn wir körperlich oder psychisch lahmgelegt sind. Wenn wir hilflos dabei zuschauen, wie Menschen in unserem Umfeld leiden und wir die Situation für sie nicht in Ordnung bringen können.

In all diesen Situationen brauchen wir ganz dringend Geduld – auch in geistlicher Hinsicht. So schreibt der Autor des Hebräerbriefs: *Geduld aber habt ihr nötig, auf dass ihr den Willen Gottes tut und das Verheißene empfangt* (Hebräer 10,36; LUT). Während Warten das ist, *was* wir tun, beschreibt Geduld, *wie* wir es tun. Geduld ist die Fähigkeit, in der richtigen Herzenshaltung auf etwas warten zu können. Paulus beschreibt Geduld als Frucht, die der Heilige Geist in uns hervorbringt (Galater 5,22). Geduld ist eine Charaktereigenschaft, die hoffnungsvoll darauf wartet, dass bestimmte Ereignisse oder Veränderungen zu gegebener Zeit eintreffen werden.

Auch wenn Warten nach außen hin meist passiv bewertet wird, ist Warten auf Gott und sein Eingreifen ein durchaus aktiver Zustand, der in der Bibel wiederholt zur Sprache kommt (z. B. in Psalm 37,7; Psalm 62,6 oder Micha 7,7). Wenn wir Wartezeiten des Lebens vertrauensvoll annehmen, können sie zu Zeiten werden, in denen wir zutiefst von Gott verändert werden. Selbst in Zeiten, in denen wir körperlich lahmgelegt sind, können sich innerlich Reife- und Wachstumsprozesse vollziehen. Wobei jene vielleicht lange Zeit verborgen bleiben. So, wie ein kleiner Same erst unter der Erde reifen und kleine Wurzeln ausbilden muss, bevor er stark genug ist, in den Bereich des Sichtbaren vorzustoßen. Dabei ist es auch völlig menschlich, dass in gewissen Momenten Enttäuschungen, Traurigkeit und Mutlosigkeit eine positive Sicht solcher Prozesse verhindern.

Genau deshalb sollte Warten zu einer gemeinsamen Aktivität werden. Es ist ein Unterschied, ob ich für mich allein warte oder ob ich gemeinsam mit anderen auf etwas warte. Wenn ich allein warten muss, werde ich sehr viel schneller ungeduldiger und nervöser. Wenn ich gemeinsam mit anderen warte, kann man sich zwischendurch neu Mut zusprechen. Während die eine vielleicht ungeduldig und nervös ist, bleibt der andere geduldig und entspannt. Ich sehne mich danach, dass es uns in christlichen Gemeinschaften noch besser gelingt, auf unterstützende Weise gemeinsam zu warten und uns gegenseitig zu ermutigen. Und hierbei den Wert des Wartens neu zu entdecken, auch in leidvollen Erfahrungen. Mit Gottes Hilfe werden wir dadurch geduldiger, im Glauben gefestigt und hoffnungsvoller: *Wir danken Gott auch für die Leiden, die wir wegen unseres Glaubens auf uns nehmen müssen. Denn Leid macht geduldig, Geduld aber vertieft und festigt unseren Glauben, und das wiederum stärkt unsere Hoffnung* (Römer 5,3-4; HFA).

Jesaja 40,31 (NLB)
... doch die, die auf den Herrn warten, gewinnen neue Kraft. Sie schwingen sich nach oben wie die Adler. Sie laufen schnell, ohne zu ermüden. Sie gehen und werden nicht matt.

Hoffnungsschimmer:

Himmlischer Vater, ich will lernen, geduldig auf Dich zu warten! Hoffnungsvoll will ich meine Hände zu Dir ausstrecken und darauf vertrauen, dass die Wartezeiten meines Lebens mit Deiner Hilfe zu Reife und Wachstum in meinem Herzen und Leben führen. Korrigiere meine Sicht, wenn ich Wartezeiten als sinnlos abtun will. Ich will offen sein für das Neue, das Du im Verborgenen wirkst.

51. DIE KRAFT DER ERINNERUNG

In Psalm 103,2 (LUT) sagt David zu sich selbst: *Lobe den HERRN, meine Seele, und vergiss nicht, was er dir Gutes getan hat.* Ein Aufruf, der nicht allein ihm gilt, sondern allen, die mit ihm in dieses Lied einstimmen. Die Psalmen waren nicht primär ein Liederbuch zum Eigengebrauch, sondern ein von Gott inspiriertes Liederbuch für das ganze Volk. Der Aufforderung, nicht zu vergessen, folgt eine Aufzählung von Gutem, das der lebendige Gott in der Vergangenheit getan hat, in der Gegenwart tut und in Zukunft noch tun wird. Die Erinnerung führt zur Anbetung und mündet in ein Lob über Gottes Größe, in das alle Wesen mit einstimmen sollen – im Himmel (Verse 20-21) und auf Erden (Vers 22).

Ich finde es tröstlich zu lesen, wie oft in der Bibel die Aufforderung steht, nicht zu vergessen bzw. sich zu erinnern. Denn dies zeigt, dass ich offenbar nicht allein bin mit meiner Vergesslichkeit. Ganz besonders in Bezug auf all die guten Dinge, die Gott in meinem Leben bereits gewirkt hat und in der Gegenwart wirkt. Viele neutestamentliche Geschichten zeigen, dass auch die Jünger von Jesus ziemlich vergesslich waren. Sie erlebten das Wirken von Jesus hautnah mit. Sie waren mitten im Geschehen, wenn Jesus Wunder tat. Sie durften von ihm persönlich lernen. Doch kaum hatten sie ein Wunder miterlebt, zweifelten sie schon wieder an Gottes Macht und Größe. Ganz ähnlich wird es im Alten Testament vom Volk Israel erzählt.

Weil Gott um die Not der menschlichen Vergesslichkeit weiß, hat er seinem Volk im Kampf gegen die Vergesslichkeit immer wieder Anweisungen gegeben. Wenn er sich einer einzelnen Person oder seinem Volk offenbart hatte, befahl er ihnen beispielsweise, einen Altar zu bauen, ein Lied darüber zu singen, einen Gedenktag einzuführen oder das Erlebnis aufzuschreiben und an die nächste Generation weiterzugeben, damit nicht vergessen wird, was geschehen ist. Auch wir brauchen solche Gedächtnisstützen, weil die Haltbarkeit unserer Erinnerung begrenzt ist, aber wir die Kraft der Erinnerung ganz dringend brauchen, um weiterzugehen. Besonders dann, wenn der Weg steil und holprig ist.

Um nicht zu vergessen, schreibe ich Tagebuch. Um nicht zu vergessen, nehme ich gelegentlich alte Tagebücher zur Hand, um darin zu lesen und mich zu erinnern. Um nicht zu vergessen, führe ich seit vielen Jahren ein Dokument mit dem Titel »Gottes Reden in meinem Leben«. Damit ich daran erinnert werde, wo Gott übernatürlich in mein Leben hineingesprochen hat – durch sein Wort, durch andere Menschen, ein besonderes Erlebnis oder auf andere Weise.

Die Erinnerung an Gutes ist eine geheimnisvolle Kraft. Dabei spielt über das individuelle Erinnern hinaus besonders auch die gemeinsame Erinnerung eine Schlüsselrolle. Um nicht zu vergessen, sollen wir uns gemeinsam an Gottes Taten erinnern. Gemeinsam Halt finden in seinem Wort. Uns neu von seiner lebensverändernden Kraft berühren lassen. Gemeinsam Halt finden im Gebet, dem Zwiegespräch mit Gott. Um nicht zu vergessen, sollen wir Lieder singen, die uns an Gottes Größe und sein Tun erinnern. An seine Erhabenheit, Barmherzigkeit und Gnade. Besonders dann, wenn wir in Diskussionen um Banalitäten die Bodenhaftung verlieren, brauchen wir die Erinnerung, damit die Dinge in Perspektive gerückt werden und uns neu bewusst wird, was im Leben wirklich zählt. Dazu gehört die Erinnerung an die Realität unserer Vergänglichkeit (Psalm 103,14-16). Die Erinnerung daran, dass das irdische Leben nicht alles ist, sondern dass wir auf dieser Erde Durchreisende sind. Für Menschen, die mit Jesus leben, ist der Himmel die wahre Heimat (Philipper 3,20; Hebräer 13,14). Irdisches wird dadurch nicht unbedeutend, sondern bekommt gerade hierdurch einen unwiederbringlichen und überaus kostbaren Wert.

Auch schmerzliche Erinnerungen können kraftvoll sein. Vielleicht erinnern sie uns daran, wie Gott eingegriffen hat. Oder an etwas, das nie mehr geschehen darf. Und dass wir unseren Teil dazu beitragen sollen. Vielleicht führen sie zur Dankbarkeit darüber, dass wir ein kräftezehrendes Wegstück überstanden haben.

Am Abend, bevor Jesus gekreuzigt wurde, feierte er mit seinen Jüngern ein besonderes Festmahl. Bei diesem Anlass führte er das ein, was bis heute in vielen Kirchen als Abendmahl oder Eucharistie gefeiert wird: *Dann nahm er das Brot, dankte Gott dafür, brach es in Stücke und gab es den Jüngern mit den Worten: »Das ist mein Leib, der für euch hingegeben wird. Tut das, um euch an mich zu erinnern!« Ebenso nahm er, nachdem sie gegessen hatten, einen Becher mit Wein und gab ihn den Jüngern mit den Worten: »Dieser Becher ist der neue Bund, besiegelt mit meinem Blut, das für euch vergossen wird«* (Lukas 22,19-20).

Erinnern fällt leichter, wenn unsere Sinne involviert sind – wenn das Erinnern beispielsweise verbunden ist mit Klängen oder Düften. Ich bin mir sicher, dass sich die Jünger noch lange danach an den Duft des Brotes an jenem Abend erinnerten, an die gemeinsamen Gespräche, und ganz besonders an den Klang der Stimme ihres Herrn. So soll das Abendmahl auch heute zu einer Sinneserfahrung werden, die unser Innerstes berührt. Eine Er-Innerung im wahrsten Sinne des Wortes, die Leib und Seele berührt. Die nicht bloß oberflächlich zurückblickt, sondern den Langzeitspeicher des Glaubens aktiviert und unseren Glauben lebendig hält. Im Abendmahl dürfen wir neu schmecken und begreifen, was Jesus getan und gesagt hat. Uns erinnern an seine Wunder in der Vergangenheit, seinen Beistand für die Gegenwart und seine Versprechen für die Zukunft. Daran, dass er aus Liebe zu uns sein Leben gab. Dass er dem Tod die Stirn bot und sein Sieg alles veränderte. An diesem Sieg dürfen wir teilhaben. In der Kraft seines Geistes dürfen wir mit göttlicher Würde und Stärke den Schwierigkeiten des Lebens trotzen.

Johannes 14,26

Der Helfer, der Heilige Geist, den der Vater in meinem Namen senden wird, wird euch alles Weitere lehren und euch an alles erinnern, was ich euch gesagt habe.

Hoffnungsschimmer:

Danke, himmlischer Vater, für all die kostbaren Erinnerungshilfen, die Du mir täglich anbietest: Dein Wort, die Natur, Klänge, Düfte, Dein Wirken in meinem Leben und dem meiner Mitmenschen – selbst wenn ich es viel zu oft übersehe oder zu wenig wertschätze. Danke für den Heiligen Geist, den Du mir als Helfer, Tröster und Erinnerer zur Seite stellst. Damit er mir beisteht, im täglichen Kampf gegen das Vergessen wichtiger geistlicher Wahrheiten. Selbst dann, wenn Dinge schmerzlich sind, will ich nicht vergessen, wie viel Gutes Du mir schon getan hast.

52. DENNOCH

Ein gemütlicher Restaurantbesuch im Kreis der Familie liegt hinter uns. Wie bereits auf dem Hinweg, genießen wir auch auf dem Heimweg zu Fuß die Stimmung des herrlichen Spätsommerabends. Ins Gespräch vertieft, gehen wir an einem Anwesen mit einem mächtigen Holzzaun vorbei. Die Holzpfähle stehen so hoch und dicht aneinander, dass sie den Menschen hinter dem Zaun kompletten Sichtschutz bieten und undurchdringbar scheinen. Wäre da nicht dieser unglaubliche Rosenstiel, der prächtig blühend mitten aus dem Holzzaun ragt! Ich bleibe erstaunt stehen. Offenbar hat es ein einzelner Rosenstiel geschafft, im Wachstumsprozess den Holzzaun zu durchdringen. Stolz und wunderschön präsentiert er sich mit zahlreichen Blättern und einem dreifachen dunkelroten Rosenkopf, der in voller Blüte steht. Während meine Familie weitergeht, kann ich meinen Blick kaum von der Rose abwenden. Es berührt mich, sie zu sehen. Das Wunder des Blühens ist so kraftvoll und tröstlich. Insbesondere unter Umständen, die das Blühen erschweren oder gar unmöglich machen. Und doch geschieht es. Immer und immer wieder. Nicht nur in der Natur. Mit Gottes Hilfe kann auch unser Leben kraftvoll aufblühen.

Am Ende von Teil III dieses Buches mögen die Gefühle gemischt sein. Die Reise hat uns durch das dunkle Tal der Einsamkeit geführt sowie im Ringen mit Gott und anderen Menschen herausgefordert. In einigen Momenten überwiegt vielleicht der Mut, in anderen zieht uns die Entmutigung den Boden unter den Füßen weg. In allem sind wir immer wieder auf die Frage zurückgeworfen: Wie verhalten wir uns? Geben wir auf? Oder gehen wir weiter? Ich möchte dich von Herzen ermutigen weiterzugehen.

Es gibt so vieles, das uns den Seelenfrieden rauben will:

Herausforderungen. Nöte. Offene Fragen. In Psalm 73 schüttet Asaf sein Herz vor Gott aus. Er ist einer von drei musikalischen Hauptleitern aus dem Stamm der Leviten, ausgesondert für den Dienst in der Stiftshütte. Zusammen mit zwei anderen Leviten war Asaf verantwortlich für 288 ausgebildete Sänger, die jeweils morgens und abends eingesetzt waren, um Gott in seinem Heiligtum mit Liedern zu loben. Eine verantwortungsvolle Aufgabe! Doch schwierige Lebenserfahrungen, das Vergleichen mit anderen sowie eine äußere und innere Müdigkeit haben Asaf an einen Punkt geführt, an dem er alles hinterfragt und anzweifelt. Eines Tages, als Asaf im Heiligtum ist und Gott anbetet, rückt Gott seine Sicht- und Denkweise zurecht (Verse 16-17). Er korrigiert Asafs kurzsichtige Denkweise und öffnet ihm die Augen für die göttliche Dimension der Dinge. Er macht ihm bewusst, dass es nichts Kostbareres gibt als eine Beziehung zu Gott, die das irdische Leben überdauert. Auch wenn Dinge schwierig sind und Fragen offenbleiben, gibt es kein größeres Geschenk, als mitten im Schmerz die Nähe Gottes zu erfahren und seinen göttlichen Frieden zu spüren. Auch wenn sich an Asafs Lebensumständen äußerlich gesehen nichts verändert hat, kommt er in Psalm 73,23-24 (LUT) zu dem Schluss: *Dennoch bleibe ich stets an dir; denn du hältst mich bei meiner rechten Hand, du leitest mich nach deinem Rat und nimmst mich am Ende mit Ehren an.*

In gewissen Lebenssituationen bleibt uns nichts als dieses eine Wort: *dennoch.* »Dennoch« bedeutet, dass ich mich dafür entscheide, trotz der Situation, die mich in die Verzweiflung treibt, weiterzugehen – wider alle menschliche Vernunft. Es meint die Entscheidung, nicht aufzugeben, sondern weiter an Gott festzuhalten – trotz Mutlosigkeit, Schmerzen, Müdigkeit, Traurigkeit, Zweifeln, Enttäuschung, Kraftlosigkeit, Unsicherheit, Angst und Niederlagen. »Dennoch« bedeutet, Gott zu vertrauen, auch wenn menschlich gesehen alles dagegenspricht.

Der Dennoch-Glaube lebt von der Tatsache, dass Gott selbst uns mit seiner rechten Hand Halt gibt. Er trägt uns auch dann, wenn wir keine Kraft mehr haben weiterzugehen. In den dunkelsten Stunden unseres Lebens gilt: Jesus ist da. Seine Gnade und Liebe sind grenzenlos. In Momenten, in denen uns jeglicher Seelenfrieden abhandengekommen ist, will uns Jesus Christus nicht bloß ein kleines Stück Frieden schenken, sondern sich selbst. Denn er ist der Friedensfürst (Jesaja 9,5). Er ist der göttliche Frieden in Person (Epheser 2,14a). In seiner Nähe ist Frieden zu finden. Voller Sehnsucht wartet er auf dich.

2. Thessalonicher 3,16 (HFA)
Unser Herr, von dem aller Friede kommt,
schenke euch zu jeder Zeit seinen Frieden,
was auch immer geschieht.
Er sei mit euch allen!

Hoffnungsschimmer:

Jesus Christus, heute will ich Dir mein Dennoch schenken. Vielleicht laut und mutig. Vielleicht flüsternd und unter Tränen. Vielleicht mit großer Überzeugung. Vielleicht voller Zweifel. Du bist es wert, dass ich Dir mein Vertrauen schenke, auch wenn es mich alles kostet. Du bist heilig, liebevoll, gnädig, gerecht, vertrauenswürdig, allmächtig. Auch wenn ich diese Begriffe mit meinem Verstand weder erfassen noch ausloten kann. Aber ich klammere mich an Dich. Ich will bei Dir bleiben, was auch immer kommen wird. Du bist mein Kompass. Mein Nordstern. Mein Leben. Mein Frieden. Mein Ziel. Meine Zukunft. Ich liebe Dich und ich bete Dich an.

DANK

Der Rückblick auf ein Jahrzehnt mit chronischen Schmerzen hat eine tiefe Dankbarkeit in mir bewirkt. Er hat mich an die Jahre erinnert, in denen unsere Kinder groß geworden sind. Wenn man jeden Tag mit den Kindern zusammen ist, realisiert man oft gar nicht, wie sehr sie sich verändern. Im Alltag merkt man es vielleicht am ehesten an Kleidern oder Schuhen, die zu klein werden. Oder an der Reaktion von Drittpersonen. Beim Erreichen von neuen Meilensteinen (z. B. beim Übertritt in eine höhere Klassenstufe) oder wenn man alte Fotos anschaut, stellt man eines Tages verblüfft fest, wie viel sich über die Jahre Tag für Tag fast unmerklich verändert hat. Wie über Nacht scheint plötzlich alles anders. So ähnlich empfinde ich im Hinblick auf meine Schmerzsituation. Ein Jahrzehnt lang hatte ich immer wieder den Eindruck, dass sich kaum etwas verändert. Doch nachdem ich in diesem Buch das vergangene Jahrzehnt verarbeitet habe, stelle ich überrascht und dankbar fest, wie vieles sich tatsächlich (wenn auch schier unmerklich) verändert hat. Ich bin nicht mehr dieselbe. Durch Gottes Gnade und dank der Unterstützung verschiedener Menschen bin ich nicht am Erlebten zerbrochen. In vielerlei Hinsicht durfte ich sogar an meiner Schmerzsituation wachsen. Meine Gedanken drehen sich heute nicht mehr kontinuierlich darum, wie ich aus der Situation herausfinde, sondern ich lerne, den heutigen Tag so wertzuschätzen, wie er mir geschenkt ist. Ich möchte meine Augen weit offen halten für Schätze, die in jedem Tag verborgen liegen – egal, ob es hell oder dunkel ist. Das gelingt mir nicht immer gleich gut, aber ich möchte es weiter üben. Und darüber hinaus auch lernen, in besonders dunklen Momenten barmherziger und liebevoller mit mir selbst umzugehen. Letztlich sind wir selbst – in unserem Sein und Leben – der größte Schatz. Nicht weil wir aus uns selbst heraus so toll sind, sondern weil uns eine unvergleichliche Würde vom Allerhöchsten verliehen wurde. Wir dürfen sein Bild in uns tragen, seine Töchter und Söhne sein.

So richtet sich mein erster Dank an den *dreieinigen Gott*: Ich danke *meinem himmlischen Vater*, dass er mich und meine Familie im vergangenen Jahrzehnt durchgetragen und uns durch vielerlei Schwierigkeiten hindurchgeholfen hat – gerade auch in unserem Ehe- und Familienleben. Ich danke *Jesus Christus*, der mich erlöst hat, für seine unaussprechliche Liebe und dass ich ihn mitten im Schmerz so viel tiefer kennenlernen durfte. Und ich danke dem *Heiligen Geist*, Gottes Kraft in mir, dass er in meiner Schwachheit eine Stärke entfaltet hat, über die ich nur staunen kann. Mein Dienst der vergangenen zehn Jahre wäre undenkbar gewesen ohne den übernatürlichen Beistand des dreieinigen Gottes. Das macht mich demütig und hoffnungsvoll im Hinblick auf das, was noch kommen wird.

Ein weiterer Dank geht an diejenigen, die mir mit ihrem Fachwissen dabei geholfen haben (und weiter dabei helfen), meine Schmerzsituation erträglicher zu machen: Das gilt insbesondere für Dr. med. Reto J. D. Keller und Dr. med. Ulrich Kallenbach. Aber auch für meine langjährige Physiotherapeutin, meine Osteopathin und viele andere mehr.

Ganz besonders danke ich meiner Familie:

Rolf: Ich danke dir für deine Unterstützung und deinen Beistand im vergangenen Jahrzehnt. Du weißt, wovon ich spreche, selbst wenn ich es hier nicht weiter ausführe. Es war ein schwieriges und turbulentes Jahrzehnt für unsere Ehe. Und doch würde ich auch heute – nach 25 Jahren Ehe – wieder mit Überzeugung und tiefer Liebe Ja zu dir sagen!

Ruben und *Dina*: Es war nicht leicht für euch, dass ein so wichtiges Jahrzehnt eurer Entwicklung – hin auf dem Weg zum Erwachsenenwerden – immer wieder von meiner Schmerzsituation überschattet wurde. Oft habe ich es kräftemäßig nicht geschafft, euch die Mama zu sein, die ich euch sein wollte und die ihr auch gebraucht hättet. Der Einsatz meiner Kräfte bleibt weiter ein Balanceakt. Was ihr nie vergessen sollt, ist dies: Ich liebe euch mehr als mein Leben und danke Gott dafür, dass er uns euch geschenkt hat. Wir sind so unfassbar stolz auf euch beide.

Meinen Eltern *Helena und Erich Mauerhofer:* Danke für jedes Gebet, das ihr im vergangenen Jahrzehnt für uns zum Himmel geschickt habt (und das waren viele!!). Danke auch für alle praktische Unterstützung, gerade in den Anfängen meiner Schmerzzeit. Was für ein Segen, dass ihr noch bei uns seid und wir füreinander da sein dürfen. Ich liebe euch aus tiefstem Herzen.

Auch meiner Schwester *Mirjam Mistreanu* gilt ein besonderer Dank. Du warst bereit, alles stehen und liegen zu lassen und den weiten Weg aus Süditalien zu uns zu kommen, wenn es die Situation erfordert hat. Danke dafür – mit einer herzlichen Umarmung!

Über die Familie hinaus könnten noch viele weitere Menschen erwähnt werden, denen ich von Herzen dankbar bin – Freundinnen und Freunde, Verwandte, Beterinnen und Beter, Glaubensgeschwister der Freikirche, der ich angehöre und die mich und meine Familie nach Möglichkeiten unterstützt haben und es zum Teil auch heute noch tun. Danke dafür!

Ein spezieller Dank gebührt meiner Mentorin *Vreni Theobald:* Du warst im vergangenen Jahrzehnt jederzeit für mich da – auch wenn es stockdunkel wurde und ich den Halt verlor. Danke dafür. Dass ich im vergangenen Jahrzehnt auf diese Weise wachsen durfte, ist auch dein Verdienst!

Sehr herzlich danke ich *Anne-Ruth Meiß*, der Verlagsleiterin von Francke-Buch. Du hast meinem Buch mit viel Herzblut und großer Kompetenz den letzten Schliff gegeben. Vielen Dank dir und dem ganzen Francke-Team! Ganz besonders auch dafür, dass ihr mir als einziger Verlag eine Chance für meine Krüdener-Biografie, mein erstes Buch nach der Doktorarbeit, gegeben habt, was zum Ausgangspunkt meiner Autorentätigkeit wurde.

Mein abschließender Dank richtet sich an meine treue Leserschaft. Viele Leserinnen und Leser haben mich im vergangenen Jahrzehnt durch liebevolle und berührende Rückmeldungen stärker ermutigt, als ihnen bewusst ist. Zu erfahren, dass meine Bücher Spuren im Leben meiner Leserschaft hinterlassen, hat mir Kraft gegeben, meiner Kernberufung treu zu bleiben und weiterzuschreiben. All meine bisherigen Bücher – und dies ist mein zehntes Buch – sind im vergangenen Jahrzehnt entstanden bzw. publiziert worden. Das fanden einige irritierend. Sie waren der Meinung, dass ich unmöglich schreiben könnte, wenn es mir tatsächlich so schlecht ginge. Es gab in der Tat Monate und sogar Jahre, in denen ich nicht schreiben konnte. Doch an sich war und ist Schreiben eine Überlebensstrategie, eine kostbare Lebenshilfe, mein heilsamstes Ventil. Das war schon in meiner Kindheit und Jugendzeit so, auch wenn mir dies damals nicht bewusst war. Ich weiß nicht, wo ich heute stünde, wenn ich im vergangenen Jahrzehnt nicht so vieles schreibend hätte verarbeiten können.

Danke, liebe Leserin, lieber Leser, dass du dir die Zeit genommen hast, dieses Buch zu lesen. Es ist mein Gebet, dass du dadurch ermutigt wurdest und du auf deinem weiteren Weg mit Heilung, Kraft, Mut und Hoffnungsschimmern gesegnet wirst.

Weitere Bücher von Debora Sommer

Im Herzen ist Raum für mehr
Sehnsucht als Lebenskraft entdecken
ISBN 978-3-96362-141-3
256 Seiten, Klappenbroschur
auch als E-Book erhältlich

Wieso hört das menschliche Herz nie auf, sich zu sehnen? Warum stellt sich selbst nach den schönsten Erlebnissen und dem Erreichen von Zielen wieder dieses diffuse Gefühl ein, dass es doch mehr geben muss?
Debora Sommer nimmt uns mit auf eine spannende Entdeckungsreise in die Welt der Sehnsucht. Was ist Sehnsucht eigentlich? Welchen Ursprung hat sie? Wie filtern wir aus unseren oft nicht richtig greifbaren Gefühlen unsere Grundsehnsüchte heraus? Was hat Gott mit alldem zu tun? Und wie können wir Sehnsucht in Lebenskraft umwandeln?

Ein Buch für alle, die dem Geheimnis der Sehnsucht auf die Spur kommen wollen – ganz egal, ob ihre Sehnsucht ihnen als Antriebskraft dient, sie an ihr leiden oder sie jeglichen Kontakt zu ihr verloren haben. Voller faszinierender Erkenntnisse, Aha-Momente und Ermutigung. Mit Fragen und Impulsen zum Weiterdenken.

Raum für mehr
Mein Sehnsuchtstagebuch
ISBN 978-3-96362-142-0
160 Seiten, Paperback
mit Gummiband

Ein wunderschön gestaltetes Notizbuch für all diejenigen, die ihren Sehnsüchten auf den Grund gehen und ihr Leben aus der Sehnsuchtsperspektive betrachten wollen. Die Art und Weise, wie wir mit unseren Sehnsüchten umgehen, entscheidet darüber, wie unsere Zukunft aussehen wird. Wir alle sind Sehnsuchtswesen. Doch welche Sehnsucht schlummert in Ihnen?

Blühe dort, wo du gepflanzt bist
ISBN 978-3-96362-019-5
256 Seiten, Klappenbroschur
auch als E-Book erhältlich

Debora Sommer hat sich aufgemacht, dem Geheimnis blühenden Lebens auf die Spur zu kommen. Wieso gelingt es manchen Menschen, trotz schwierigster Lebensumstände zu blühen, während andere daran kaputtgehen? Warum schielen wir so oft sehnsüchtig auf die Lebensgärten anderer?

Die gute Nachricht ist: Blühendes Leben ist jederzeit möglich. Ungeachtet der Lebensumstände. Jeder kann dort, wo er gepflanzt ist, aufblühen und reiche Frucht bringen. Allerdings gibt es einige Faktoren, die das Blühen hindern, und andere, die es fördern. Welche das sind und wie eine gesunde Verwurzelung aussehen kann, die letztlich die entscheidende Voraussetzung für ein erneutes Aufblühen ist, zeigt Debora Sommer anhand vieler persönlicher Geschichten und praktischer Tipps einfühlsam auf. Fragen zum Weiterdenken helfen dem Leser, das Gelesene ganz konkret auf die eigene Lebenssituation zu übertragen.

Blühe dort, wo du gepflanzt bist
Gedanken & Ideen Notizbuch
ISBN 978-3-96362-020-1
160 Seiten, Paperback
mit Gummiband

Halten Sie wichtige Gedanken und Ideen in diesem wunderschönen Notizbuch fest – die linierten Seiten bieten dafür viel Platz! Optisch an Debora Sommers »Blühe dort, wo du gepflanzt bist« angepasst, eignet es sich perfekt als Geschenk oder als hilfreiches Accessoire für den eigenen Gebrauch.

einzigartig - Entfalte, was in dir steckt

ISBN 978-3-86827-639-8
222 Seiten, Paperback
auch als E-Book erhältlich

»einzigartig« richtet sich an all jene, die auf ein Schmetterlingswunder hoffen. Die sich danach sehnen, dass in ihrem Leben zur Entfaltung kommt, was Gott in sie hineingelegt hat. Doch wie kann das geschehen?
Die gute Nachricht ist: Wir alle sind dazu bestimmt, wunderschöne, einzigartige Schmetterlinge zu sein. Und Gott hat uns mit allem ausgestattet, was für die Verwandlung nötig ist. Warum verharren wir trotzdem oft im Raupenstadium? Warum sehen wir Kokonzeiten als Bedrohung, nicht als Chance zum Wachstum? Welche Lektionen lassen sich aus der Verwandlung der Raupe zum Schmetterling ableiten und wie können wir diese auf unser Leben übertragen?
Für Debora Sommer ist die Verwandlung der Raupe zum Schmetterling zu einem Sinnbild für ihr eigenes Leben geworden. Offen erzählt sie in diesem Buch von ihren persönlichen Erlebnissen, gewährt Einblicke auch in schwere Zeiten in ihrem Leben und nimmt den Leser mit auf eine faszinierende Entdeckungsreise.

So einzigartig wie ein Schmetterling
ISBN 978-3-86827-719-7
48 Seiten, gebunden

Damit eine Raupe zum Schmetterling wird, muss sie sich dem Auflösungs- und Umwandlungsprozess in der Puppe stellen. Ähnlich führt auch im menschlichen Leben der Weg der Verwandlung oft durch Zeiten der Dunkelheit und Einsamkeit.
Mit ihren ergreifenden Texten ermutigt Debora Sommer dazu, sich nach Veränderung auszustrecken und auch in dunklen Zeiten an Gott festzuhalten. Im Vertrauen darauf, dass am Ende der Reise nicht die Dunkelheit und der Schmerz stehen, sondern ein verändertes Wesen – so einzigartig wie ein Schmetterling!